Responsabilidade Política e Destituição de Governos na Democracia

Sálvio Dino Junior
Advogado. Mestre em Ciências Jurídicas pela Universidade Autónoma de Lisboa.
Professor de Direito Público e de Direito Ambiental.
Foi Secretário de Estado de Justiça e Cidadania (2005/2006)
e Secretário de Estado de Direitos Humanos (2007/2008) no Governo do Maranhão.
Membro da Academia Maranhense de Ciências e da Academia Maranhense
de Cultura Jurídica, Social e Política.

Responsabilidade Política e Destituição de Governos na Democracia

editora Del Rey

Belo Horizonte

2022

Impresso no Brasil | *Printed in Brazil*

EDITORA DEL REY LTDA.
www.livrariadelrey.com.br

Editor: Arnaldo Oliveira

Editor Adjunto: Ricardo A. Malheiros Fiuza (*in memoriam*)

Coordenação Editorial: Letícia Neves

Diagramação e revisão: Know-how Editorial

Editora:
Rua dos Goitacazes, 71 – Lojas 20 a 24
Centro – Belo Horizonte – MG
CEP 30190-050

Comercial:
Tel.: (31) 3284-3284/3293-8233
vendas@editoradelrey.com.br

Editorial:
editorial@editoradelrey.com.br
Tel.: (31) 2516-3340

D586r Responsabilidade politica e destituição de governos na democracia I Sálvio Dino Júnior.-- Belo Horizonte: Del Rey, 2022.
178 p.

Bibliografia
ISBN: 978-65-00-49246-0

1. Direito constitucional. 2. Democracia. 3. Legitimidade governamental. 4. Governo representativo e representação. I. Título.

CDU: 342.2

Junio Martins Lourenço – Bibliotecário – CRB-6 3167

Com amor, a Ana Amélia Figueiredo Dino de Castro e Costa,
por tudo que já realizamos e por todos os sonhos que,
acalentados juntos, continuaremos a concretizar,
sob as bençãos do nosso grandioso Deus.

"[...] a aventura da pesquisa é misteriosa,
apaixonante, e reserva muitas surpresas.
Nela entra em jogo, não um indivíduo,
mas toda uma cultura, e, por vezes,
as ideias viajam sozinhas, migram,
desparecem e voltam a surgir,
e o mesmo lhes acontece como às anedotas,
que vão melhorando cada vez mais
sempre que alguém as conta".

(ECO, Umberto.
Como se faz uma tese em ciências humanas, p. 29).

AGRADECIMENTOS

Aos professores do curso de mestrado em Ciências Jurídicas da Universidade Autónoma de Lisboa, pela dedicação e competência acadêmicas, em especial ao Professor Doutor Alex Sander Xavier Pires, pelas palavras sempre gentis de acolhida e de direcionamento firme e seguro no decorrer da investigação.

Aos advogados e às advogadas do escritório Dino, Figueiredo e Lauande Advocacia, pelo apoio na caminhada e por compartilharem a luta cotidiana da defesa de direitos.

À minha esposa, Ana Amélia Dino, pelo profundo amor que procuramos nutrir a cada dia. Também pela cumplicidade nos sonhos e nos projetos de vida.

Aos meus filhos, Vítor, Helena e Luísa, estrelas do meu viver.

Aos meus pais, Sálvio (*in memoriam*) e Rita, pelos ensinamentos e valores legados. À minha avó Dália (*in memoriam*), eterna lembrança. Aos meus irmãos, Nicolao, Flávio e Saulo, pelo cuidado, pelo carinho e pela referência de sempre.

A todos, enfim, que compartilham o desejo de governos melhores para um mundo também melhor. Muito obrigado!

APRESENTAÇÃO

É muito importante refletir sobre legitimidade política, especialmente no momento em que o patamar civilizatório alcançado nesta quadra histórica é sacudido por embates, mundo afora, entre democracia e autoritarismo. Defender a democracia como o caminho que leva à promoção dos direitos fundamentais e à realização do bem comum é providência inadiável. Afinal, são o Estado Democrático de Direito e a legitimidade dos processos de escolha da representação política que materializam o consentimento coletivo, essencial, por sua vez, ao exercício do poder.

Baseado nessas premissas, Sálvio Dino Junior oferece à comunidade política e jurídica, ou melhor, a todos e todas que "respiram" democracia, valiosa contribuição sobre o tema do exercício do poder político e das estratégias destinadas à construção e à manutenção de sua legitimação, assim como das possibilidades de revogação de mandatos.

Em linguagem fluida, cuidadosamente desenvolvida em texto cadenciado - quiçá inspirado nos cativantes ritmos e sons de sua [nossa] terra -, Sálvio Dino Junior estabelece, como ponto de partida para as reflexões desenvolvidas na conceituada Universidade Autónoma de Lisboa - Portugal, a ideia de que "o homem apresenta elevado grau de razão para compreender o sentido do bem numa perspectiva de escolha moral".

Assinala, em seguida, o autor que democracia não constitui um fim em si mesmo. É, na multicomplexa dinâmica social, instrumento para a consecução do bem-estar coletivo. Por isso é que o valor de um Estado Democrático de Direito também é posto permanentemente à prova por sua capacidade de adimplir promessas de bem-estar social.

Essa parece ser a motivação para tantos questionamentos. De fato, como advertiu Nelson Mandela, democracia com fome, sem educação e sem saúde é algo como uma "concha vazia", carecendo de constante impulso e legitimação. E daí outra premissa instigantemente fixada no texto, no sentido de que democracia não é uma realidade estática, sendo essencial "assegurar uma visão dinâmica da democracia dada a necessidade de que os cidadãos gozem da liberdade de manifestação e de participação crítica no processo político" [e] que "a democracia, por conseguinte, há de ser vista como um processo sempre em movimento inerente a qualquer sociedade aberta e viva".

Por fim, ainda como aperitivo, sinaliza o autor, na consistente base teórica que marca sua laboriosa investigação científica, a fundada suspeita de que, tendo em conta as questões candentes da crise da versão democrática contemporânea, e "a partir da percepção de um direito a boa gestão pública, delineia-se a perda de legitimidade dos governos eleitos, no decorrer do exercício mandamental, até a possibilidade de responsabilização dos maus governantes e suas destituições antes do encerramento temporal dos mandatos eletivos". E isso reforça a certeza de quão importante é a existência de um arcabouço normativo capaz de viabilizar um processo eleitoral legítimo, transparente e aberto ao controle do povo e das instituições específica e constitucionalmente investidas dessa função (Justiça Eleitoral e Ministério Público Eleitoral), como também a definição de mecanismos revisionais calcados no sufrágio popular (*recall*) e de responsabilização política, voltados, em última análise, à contenção de crises que se apresentam perigosamente corrosivas, em relação aos valores de uma sociedade que pretende ser livre e democrática.

Muito ainda pode ser dito sobre autor e obra. Avançar nessa direção seria justo, mas frustraria o público leitor, pois anteciparia a tarefa inerente a todo processo de descoberta que se tem na leitura e no prazer do esquadrinhamento. É que – releve-se o lugar-comum – o autor se desvela em suas linhas, revelando seu modo de ser e viver. E é no desenovelar de um texto que leitor e autor se entrelaçam, rompendo estigmas de "egocentrismos textuais" e construindo novas certezas significativas – de que nos fala Luis Alberto Warat –, para proporcionar distintas perspectivas hermenêuticas.

Sálvio há muito se destaca como jurista e pensador inquieto, atento à cena do cotidiano social. Tive a alegria de, ainda na graduação, acompanhar seu crescimento intelectual, permeado, desde cedo, pela experiência única e enriquecedora que todos nós encontramos na vivência universitária.

Com alicerce acadêmico sólido (três Especializações e um Mestrado), devidamente aguçado pela sede de justiça social, o Advogado, Professor e Membro da Academia Maranhense de Ciências já atuou em inúmeras frentes, tendo sido, também, Secretário de Estado da Justiça e Cidadania, Secretário Extraordinário de Direitos Humanos e Presidente do Conselho Estadual dos Direitos da Criança e do Adolescente, no Maranhão.

Na política, na academia e na advocacia, Sálvio Dino Júnior emprega os valores amealhados no aprendizado permanente da vida, semeando e cultivando o ideal de justiça e de valorização do espaço público. Esses são os ingredientes essenciais para qualquer incursão literária, e foram por ele muito bem manejados. A experiência exitosa é o livro que tenho a honra de apresentar.

Boa leitura!

Nicolao Dino Neto

Subprocurador-Geral da República;
Professor da Faculdade de Direito da Universidade de Brasília (UnB).
Membro do Instituto de Direito Administrativo
Sancionador Brasileiro (Idasan).
Ex-Conselheiro do Conselho Superior do Ministério Público Federal.
Ex-Vice-Procurador-Geral-Eleitoral.
Ex-Conselheiro do Conselho Nacional do Ministério Público.
Ex-Presidente da Associação Nacional
dos Procuradores da República (ANPR).

PREFÁCIO

Desde meados do século XVII movimentos revolucionários populares, com maior ou menor intensidade, contribuíram para formação do que veio a ser definido como constitucionalismo dos modernos baseado na limitação do poder político, reconhecimento de direitos e determinação de deveres em documento formal escrito denominado de constituição, além da previsão de mecanismos de garantia de acesso a direitos fundamentais.

Percebe-se, assim, um sentimento constitucional de formação de Estados politicamente organizados diante de garantias jurídicas em que todos são submissos à Constituição, além de todos os atos de governo — por conseguinte as políticas públicas — deverem ser legitimados e destinados ao povo. Eis o fundamento para a universal concepção de Estados de direito democráticos garantidos na soberania popular e na supremacia da Constituição.

O totalitarismo marcante das monarquias absolutas dá lugar ao constitucionalismo liberal consagrado na premissa de todo poder se originar e destinar ao povo, ou, como dito por Abraham Lincoln no Discurso de Gettysburg, o governo do povo, pelo povo e para o povo, tendente a justificar a premissa preambular das novas Constituições induzidas na sutil, porém complexa expressão "*We the people*". Mas o que isso significa?

Para uns o direito à representação pelo voto, para outros o direito à liberdade individual reconhecidamente como fundamental; portanto, do *citoyen* desvelado na Revolução Francesa ao *individual* apercebido na Revolução Estadunidense cunharam-se as mais diversas definições de democracia, concluindo-se que existem tantas democracias quantos são os Estados democráticos. Mas o que isso significa?

Na contemporaneidade já não interessa definir democracia ou debater sua existência; propõe-se a reflexão sobre as questões atuais, dentre as quais se destaca o distanciamento entre o povo e o governo em face da constatação de o povo não se ver representado no governo. Diante desse fenômeno democrático, o voto perde importância política e o governo pretensamente representativo se enfraquece socialmente, ao mesmo tempo que se instaura a tensão a ser resolvida pelo Direito nos Tribunais.

O déficit democrático via crise de legitimidade democrática, então, instaura a dualidade tensa entre povo e governo, que deveria ser um único corpo concebido sobre a democracia representativa. Mas como resolver essa crise? Dessa relação entre Direito e Política moderada por aspectos sociológicos é que Sálvio Dino Júnior parte para concluir sua pesquisa científica que lhe garantiu o título de Mestre em Ciências Jurídicas perante a Universidade Autónoma de Lisboa e, agora, diligentemente transforma em livro de notório interesse para a comunidade acadêmico-científica.

De minha parte, para além do honroso convite para prefaciar a obra intitulada *Responsabilidade Política e Destituição de Governos na Democracia*, importa reconhecer a dedicação e empenho do acadêmico Sálvio quando nos conhecemos após a designação da Orientação de Dissertação, passando a longas conversas interessadas sobre o tema, momento em que percebi seu conhecimento e respeito pela Ciência que nos ocupa, além da inquietude intelectual com os problemas contemporâneos a ela imanentes: a necessidade de resgate da confiança do povo nos representantes eleitos mediante o uso de instrumentos que obriguem, direta ou indiretamente, à realização de deveres administrativos prestacionais positivos.

Dos debates teóricos, plantou-se a semente da dissertação que tive a oportunidade de acompanhar como seu Orientador de Mestrado. Nesta conjunta tarefa, muito se refletiu e construiu no campo das ideias, cuja síntese depurada foi registrada na dissertação final e, agora, recopilada e adaptada ao livro que chega ao conhecimento público. Diga-se, com acerto, que a liberdade intelectual e criativa respeitada e estimulada pelo Orientador ao seu discípulo rendeu bons frutos semeados pela observação atenta e experiência pessoal do Autor Sálvio.

A obra, fiel à metodologia proposta desde a introdução, cingida às realidades de Brasil e Portugal, procura refletir, como diz Sálvio, se "havendo insucesso na realização de um bom governo, após certo lapso temporal, quais providências podem ser tomadas diante do predomínio das coisas prejudiciais a quem governa?"; e, mais, "seria possível destituir os governantes se sobreviesse a 'riqueza cega', o 'amor cego' ou a 'justiça cega'?", para além de discutir, "em sentido universal, quais medidas podem ser tomadas para estabelecer um bom governo? É possível haver a destituição de um mau governo ou que se torne ilegítimo? Em que contexto e a partir de quais regras?".

De fato, ao concluir sua dissertação, Sálvio afirma: "há que se realçar a perspectiva de que, num Estado de direito democrático, é imprescindível a construção de um sistema constitucional que favoreça a responsabilidade política dos governos. Tem-se mesmo como um requisito de procedibilidade à conquista de bons resultados nos desafios e nos sonhos de uma sociedade justa, fraterna, solidária e com igualdade de oportunidades para todos".

Mas, afinal, como proceder? Esta é, em verdade, a grande angústia intelectual de Sálvio: propor o vínculo entre a responsabilidade política e a confiança, "a necessidade de o sujeito político responsável nutrir uma relação de confiança com o sujeito do qual depende", ou seja, "numa democracia, como as propugnadas pelos textos constitucionais de Portugal e do Brasil, o sujeito do qual o agente político depende é sempre o povo, raiz da legitimação no princípio da soberania popular, a quem devem ser promovidas todas as políticas públicas, com especial destaque à população mais desfavorecida"; portanto, "nenhum governo eficaz conseguirá alcançar os objetivos fundamentais – especialmente de caráter econômico e socioambiental – se não gozar de uma sólida base de sustentação e confiança".

Por fim, afirma Sálvio que, "seja no modelo presidencialista brasileiro, seja no modelo semipresidencialista português, há que se buscar as condições de legitimidade do poder político não apenas na escolha dos governantes, mas, sobretudo, no período de exercício dos mandatos governamentais. Disso depende, a todo instante, a qualidade da democracia existente, de modo que a distância entre os cidadãos e as cidadãs seja encurtada mediante fortalecimento dos espaços de participação".

Se permitirem uma sugestão, a obra, *Responsabilidade Política e Destituição de Governos na Democracia*, deve ser lida por todos, juristas ou não, para que se perceba, com fundamento teórico, o fenômeno e, a partir de então, possa-se propor sugestões para a crise de déficit democrático diante da reconstrução da legitimidade democrática, fundamentais para a estabilização de Estados que pretendam ser de direito e democráticos, mediante o respeito à confiança entre povo e representantes.

Boa leitura a todos!

Alex Sander Xavier Pires

Doutor em Ciências Jurídicas e Sociais com estudos
pós-doutorais em justiça constitucional europeia.
Doutor em Ciência Política.
Professor vinculado à Universidade Autónoma de Lisboa.
Investigador, Membro do Conselho Científico
e Coordenador do Grupo de Investigação sobre Cultura
de Paz e Democracia do Centro de Investigação
em Ciências jurídicas Ratio Legis (UAL).
Membro do Conselho Científico e Colaborador
no Centro de Investigação e Desenvolvimento
sobre Direito e Sociedade Cedis (FDUNL).

SUMÁRIO

INTRODUÇÃO

Homens sábios e pensadores mais experientes são pródigos em lançar conselhos aos governantes no afã de atingir a realização de bons governos.

Marco Túlio Cícero, por exemplo, ao dirigir-se a seu filho Marco Cícero, que estudava em Atenas, por volta do ano 44 a.C., discorreu uma série de virtudes e deveres a serem preservados, dentre os quais se destacam:

> Quem quiser governar deve analisar estas duas regras de Platão: uma, ter em vista apenas o bem público, sem se preocupar com a sua situação pessoal; outra, estender suas preocupações do mesmo modo a todo o Estado, não negligenciando uma parte para atender à outra. Porque quem governa a República é tutor que deve zelar pelo bem de seu pupilo e não o seu; aquele que

> protege só uma parte dos cidadãos, sem se preocupar com os outros, introduz no Estado os mais maléficos dos flagelos, a desavença e a revolta. Isso faz com que uns passem por amigos do povo, outros por defensores da aristocracia, poucos por benfeitores de todo o Estado (CÍCERO, 2001, p. 56).

Ao longo dos séculos, as recomendações lançadas por pensadores, políticos e estudiosos continuaram a exsurgir, notadamente, nas ocasiões de ascensão de novos governantes. Foi o que ocorreu no século XVIII a envolver as relações coloniais entre Brasil e Portugal.

Com efeito, em 16 de julho de 1761, entrou em exercício no cargo de Governador da antiga Capitania do Maranhão (MEIRELES, 1980, p. 179), nas terras brasileiras, o Coronel de Engenheiros Joaquim de Melo e Póvoas, sobrinho do Marquês de Pombal, a quem este traçou claras recomendações acerca do ofício de bem governar antes de sua investidura.

Por meio da *Carta ao Sobrinho*, disse o Marquês de Pombal:

> Só três Divindades sei que pintaram os antigos com os olhos vendados, sinal de que não eram cegos, mas que eles as faziam e adoravam; há um Pluto, Deus da riqueza; um Cupido, Deus do amor; e uma Astreia, Deusa da justiça. Negue V. Exa. culto a semelhantes Divindades, e nunca consinta que se lhes erijam templos e se lhes consagrem votos pelos oficiais de El-Rei, porque é prejudicial em quem governa riqueza cega, amor cego e justiça cega (MARQUÊS DE POMBAL, 2003, p. 655-656).

De modo subjacente, pairava naquelas recomendações autêntica preocupação com a saúde da monarquia hereditária, no sentido de alinhar o exercício dos governos com o interesse do povo, que não se via mais adstrito às conveniências pessoais da nobreza e do clero (MEIRELES, 1980, p. 171-172).

Porém, adiante das pontuações históricas, sublinhe-se o desejo de investigação sobre as coisas que constituem um bom governo; um governo responsável, e, de outro lado, as coisas que tornam essa missão desafio.

Trata-se, assim, de questão com traço marcadamente universal formulada a todos os povos e em diversos momentos em face da complexidade da vida humana em sociedade[1].

Acresce-se, por oportuno, outro aspecto. Ou seja, havendo insucesso na realização de um bom governo, após certo lapso temporal, quais providências podem ser tomadas diante do predomínio das coisas prejudiciais a quem governa? Vale indagar, por paráfrase aos conselhos do Marquês de Pombal: seria possível destituir os governantes se sobreviesse a "riqueza cega", o "amor cego" ou a "justiça cega"?

Nessa linha, o presente trabalho busca investigar o aspecto do questionamento acima, ou seja, se descumpridos,

---

[1] A literatura também expõe o caráter universal da questão acerca da busca por bons governos. É o que Miguel de Cervantes aponta, por exemplo, em clássico diálogo entre Dom Quixote e Sancho Pança ao dizer: "- Por Deus, Sancho - disse D. Quixote -, que só por estas últimas razões que disseste julgo que mereces ser governador de mil ínsulas; boa natureza tens, sem a qual não há ciência que valha. Encomenda-te a Deus e procura não errar na primeira intenção; quero dizer que tenhas sempre tenção e firme propósito de acertar em quantos negócios te ocorrerem, porque o céu sempre favorece os bons desejos. E vamos almoçar, pois creio que estes senhores já nos esperam" (SAAVEDRA, 2007, p. 505).

metaforicamente, os conselhos do Marquês de Pombal, tomados em sentido universal, quais medidas podem ser adotadas para estabelecer um bom governo? É possível haver a destituição de um mau governo ou que se torne ilegítimo? Em que contexto e a partir de quais regras?

Para navegar nessas águas normalmente tormentosas, necessário que sejam fixadas algumas premissas e limitações ao desenvolvimento da investigação.

A primeira das premissas consiste no reconhecimento de que o homem apresenta elevado grau de razão para compreender o sentido do bem numa perspectiva de escolha moral[2].

Em segundo, imprescindível tomar a noção de bem à perspectiva da esfera pública, de modo a reconhecer-se o direito a uma boa gestão pública, isto é, a bons governantes e a bons governos, a partir de consensos de legitimação.

A terceira premissa advém da necessária contextualização do exercício de bons governos no jogo democrático do poder, mediante processos de escolha e alternância construídos à luz da experiência do liberalismo político e normativo.

E, por fim, a quarta premissa é a que pontua a possibilidade de responsabilização daqueles que constroem a antítese de um bom governo. Cuida-se da responsabilidade atribuída aos maus governantes com objetivo mais amplo que o aspecto marcadamente punitivo, tão comumente imaginado, mas em outra perspectiva de abertura de caminho para construção de

---

2 Em sentido coincidente, o Prof. Dr. Alex Sander Xavier Pires fixou a mesma premissa como "condição teórica de verdade" para o desenvolvimento da investigação (PIRES, 2016, p. 19).

algo melhor; de algo benéfico para a efetivação dos direitos declarados nos textos constitucionais.

As três primeiras premissas acima listadas permeiam o estudo do primeiro capítulo da investigação, no qual se discutem a política e o Estado de direito democrático.

Com efeito, busca-se uma conceituação teórica possível, a partir da origem do poder político e da descoberta dos espaços públicos de deliberação, investigando as noções de poder, política e Estado.

Em seguida, uma vez estabelecidas algumas bases teóricas de formação do Estado de direito, passa-se à análise das noções de democracia, de soberania popular e dos processos, tanto de escolha quanto de exercício dos governos nas democracias de hoje.

Noutro giro, examinam-se as questões candentes da crise da versão democrática contemporânea, de modo que, a partir da percepção de um direito a boa gestão pública, delineia-se a perda de legitimidade dos governos eleitos, no decorrer do exercício mandamental, até a possibilidade de responsabilização dos maus governantes e suas destituições antes do encerramento temporal dos mandatos eletivos. Tem-se, pois, preocupação com a qualidade da democracia concreta e realmente vivenciada pelos cidadãos em Portugal e no Brasil.

O fio da investigação conduz, por essa trilha, ao tratamento propriamente da destituição dos governos em Portugal e no Brasil, enfocando as responsabilidades políticas à luz dos aspectos constitucionais nesses dois países. Não se busca conferir ênfase aos caminhos da ciência política ou da sociologia política, mas sim propor uma análise de problema tão debatido naquelas outras áreas do conhecimento sob o viés epistemológico do Direito Constitucional.

Inicia-se, ainda, investigação em torno da destituição de mandatos governamentais na Alemanha, de modo a traçar suas principais linhas características tanto na Constituição de Weimar quanto na Lei Fundamental da República Federal da Alemanha, perquirindo, ao final e ao cabo, se o modelo e as experiências daquele país seriam possíveis para o Direito Constitucional português e brasileiro.

Por opção metodológica, limita-se a análise dos governos centrais nesses três países, dado o grau de relevância para os respectivos contextos nacionais, deixando-se de lado as regiões autônomas em Portugal, bem como os Estados federados e os governos locais ou municipais no Brasil.

Há também outro recorte relevante. Deliberadamente, optou-se por abordar as possibilidades de destituição dos chefes de governo por decorrência de apuração em sede de responsabilidade política dadas as lacunas mais fortemente presentes em ambos os sistemas constitucionais de Portugal e do Brasil. Por isso, a presente investigação não aborda aspectos da apuração de responsabilidade judicial dos governantes frutos de má gestão. O olhar do Poder Judiciário sobre a questão, embora recorrente em terras brasileiras, não se constitui como essência do trabalho.

Na travessia, segue-se o método dedutivo, uma vez que se parte de questões mais gerais relacionadas ao fundamento e ao exercício do poder político até que seja pontuada a possibilidade de destituição de maus governantes que afetem a qualidade da democracia concreta por perda de legitimidade substantiva no exercício do poder. Em outro giro, é adotado também o método comparativo na análise das experiências constitucionais do Brasil, de Portugal e, ainda que de modo preambular, nesse momento da investigação, da Alemanha.

A investigação, de sua vez, é marcadamente bibliográfica, com ênfase no marco teórico assentado em torno da democracia constitucional contemporânea.

Capítulo 1

PODER POLÍTICO E LEGITIMIDADE DOS GOVERNOS NO ESTADO DE DIREITO DEMOCRÁTICO

1.1 EXERCÍCIO DO PODER POLÍTICO E LEGITIMIDADE

1.1.1 Poder político

Loewenstein (1976, p. 23-25) anota que, na vida do homem, há três estímulos fundamentais que dominam e regem a totalidade das relações em sociedade: o amor, a fé e o poder. Nessa quadra, destaca o citado autor, tem-se que a política não é senão a luta pelo poder no campo social, num processo marcadamente relacional. O poder político, assim, não pode ser definido em sua substância ou essência, mas só pode ser conhecido, observado e explicado no que concerne a suas manifestações e resultados.

Como processo relacional travado em sociedade, o poder político se ancora numa tênue linha entre as condições de legitimação da autoridade e o uso da ameaça ou da violência como possibilidade autorizada (BOBBIO, 1995, p. 941).

Bobbio (2000, p. 162-164), descrevendo a tipologia moderna das formas de poder, utiliza como traço distintivo os mecanismos à disposição do sujeito ativo para influenciar as ações do sujeito passivo na relação de poder. Por essa senda, após falar do poder econômico (domínio sobre os bens) e do poder ideológico (domínio sobre as ideias), sublinha o aspecto da coercibilidade ao tratar da importância da posse de instrumentos para exercício da força física sobre as pessoas no controle do poder político. Importa realçar que não se restringe o poder político ao uso da força, mas se trata do caráter de exclusividade do uso da força em face da intervenção de quaisquer outros grupos sociais, havendo o monopólio da posse e do uso dos meios de exercício da coação física em torno da formação histórica do Estado (BOBBIO, 2000, p. 164).

O pensador italiano identifica, então, algumas características intrínsecas ao poder político na tipologia moderna, a saber: exclusividade, universalidade e inclusividade (BOBBIO, 2000, p. 166). Pelo primeiro, entende que se refere a vedação imposta à formação de aparelhos paramilitares em face do domínio estatal. Pelo segundo, a capacidade para a tomada de decisões e a formação de escolhas legítimas pelos detentores do poder político aplicáveis a toda a comunidade quanto à distribuição e destinação dos recursos públicos. E, por fim, quanto à inclusividade, entende que se refere à intervenção mediante o uso da ordem jurídica para dirigir as atividades das pessoas para fins desejados ou para afastá-las de fins não desejados.

Herrera (2014, p. 52) dispõe que Bobbio assume, nessa trilha, um olhar weberiano ao definir poder político como poder coativo centrado nos instrumentos – legitimamente autorizados - para uso da força, distinguindo, assim, poder e força. Herrera (2014, p. 52) pontua ainda que, segundo Bobbio, "o uso da força é a condição necessária e suficiente para a existência do poder político, ou melhor, é a exclusividade (legítima) desse uso que o caracteriza". Assim, a política aparece como fruto da organização do poder coativo, enquanto a força consiste no uso da própria violência física.

Inexiste, por outro viés, um fim específico da política, assim como soa descabido falar num fim que seja para sempre estabelecido. A distanciar-se do juízo teleológico da política, Bobbio (2000, p. 167) sublinha que "os fins da política são tantos quantas forem as metas a que um grupo organizado se propõe, segundo os tempos e as circunstâncias". Admite o pensador, contudo, a afirmação de ao menos um fim mínimo da política, que consiste na preservação da ordem pública no interior dos Estados nacionais e na defesa da soberania e da independência do Estado no plano das relações internacionais, uma vez que se trata de *conditio sine qua non* para a realização de todos os outros fins dinâmicos da política.

Na busca pela efetivação de múltiplas possibilidades finalísticas do poder em sociedade, oportuno destacar a visão de Schmitt (2016) em torno da política como relação de amigo-inimigo.

Com efeito, afirma Schmitt (2016, p. 49-50) que o político tem seus critérios próprios de análise e identificação, que se distinguem de outras categorias do pensar e do agir humanos, como o moral (bom e mau), o estético (belo e feio) e o econômico (rentável e não rentável). O político, por sua vez, assume diferenciação pela dicotomia no processo relacional entre amigo e inimigo.

Vale frisar que, aqui, o inimigo não é concorrente ou opositor em geral, assim como também não é o opositor privado que se odeia com sentimentos de antipatia ou rancor (SCHMITT, 2016, p. 55). Distingue-se, por conseguinte, de uma postura meramente maniqueísta. O inimigo, na esfera do político, é apenas uma totalidade de homens pelo menos eventualmente combatente na arena do espaço público (SCHMITT, 2016, p. 56). Logo, o inimigo não precisa ser moralmente mau, não precisa ser esteticamente feio e nem economicamente nocivo ou desvantajoso (SCHMITT, 2016, p. 51).

A relação que marca, especificamente, o político é aquela na qual se identifica a existência de conflitos antagônicos próprios dos inúmeros interesses que servem de amálgama para a agregação humana (SCHMITT, 2016, p. 55). Por conseguinte, de acordo com Bobbio (2000, p. 222), compreende-se que o espaço da política é aquele no qual são buscadas ações de agregação dos amigos e de desagregação dos inimigos.

A luta pelo poder político, pois, situa-se nesse contexto multifacetado e plural de interesses voltados a determinar quem serão os detentores do poder que assumirão a capacidade de decidir e obrigar os destinatários do poder a obedecer às decisões, segundo Loewenstein (1976, p. 27). Trata-se, por assim dizer, de uma relação essencialmente dinâmica que se encontra sujeita às vicissitudes dos conflitos de interesse na sociedade.

Há, ainda, outro aspecto destacado por Loewenstein (1976, p. 28); trata-se do caráter demoníaco do poder ao frisar que, onde o poder político não está controlado e vigiado, tende, inexoravelmente, a exceder-se. Em verdade, o poder encerra em si mesmo a semente de sua própria degeneração.

De tal arte, tornam-se cruciais os mecanismos e as técnicas de controle do poder político, sendo de interesse tanto dos detentores - que exercem o poder político - como dos destinatários - a quem são dirigidas as decisões de poder - a busca por um necessário equilíbrio (LOEWENSTEIN, 1976, p. 29), entre as diferentes forças que se encontram em competição no seio da sociedade estatal.

Em *O conto da ilha desconhecida*, José Saramago (1998, p. 5-19) demonstra a relação conflituosa entre detentor e destinatário do poder político. Com efeito, ali na casa do Rei, onde havia muitas portas, todas as pessoas iam a uma delas apenas para apresentar suas petições, que raramente eram encaminhadas pela burocracia abaixo, até serem despachadas "sim ou não pela mulher da limpeza, conforme estivesse de maré".

Tal situação muda no momento em que um homem, atrevidamente, apresenta-se à porta das petições - *prima facie* - não somente para postular, mas antes para falar ao Rei, que, a despeito de toda contrariedade, termina por ir ao seu encontro ao cabo de três dias de embaraço àquela porta.

Sem dúvida, o homem não queria apenas pedir, mas também participar e influir no processo decisório. Estabelece-se, então, salutar processo dialógico no qual, após clara manifestação de populares em torno daquela porta, a autoridade real resolve, de viva voz, deferir a petição daquele homem para conceder-lhe um barco ágil e seguro em busca de ilhas desconhecidas.

Assim, numa outra perspectiva, é a política no contexto do espaço público, ou seja, o reino da disputa pelo exercício de direitos num processo de diálogo, de participação e de limitação do poder (força) arbitrário.

Para Loewenstein (1976, p. 29), o constitucionalismo assume papel de relevo ao estudar e abordar as regras que obrigam tanto os detentores quanto os destinatários do poder com vistas à necessária limitação, já que nenhum ser humano se encontra apto, sozinho, à resistir às tentações demoníacas de abusar do poder.

A saber, no Estado moderno – constitucional e democrático – a essência do processo funcional consiste em obter, exercer e controlar o poder político e a capacidade de governar às outras pessoas, para garantia do livre desenvolvimento da personalidade humana longe de quaisquer ameaças (LOEWENSTEIN, 1976, p. 29).

Por oportuno, Ferreira (2016, p. 258) define poder "como a possibilidade de impor a vontade dos governantes ao comportamento dos governados através da gestão das motivações e expectativas emocionais dos indivíduos e grupos sociais de modo a aderirem às decisões políticas". Daí por que, evidentemente, o estudo do Estado e dos governos adquire relevância para o exercício do poder político.

Surgem, assim, preocupações atinentes ao processo de conquista e gestão do poder político associadas à adesão voluntária dos destinatários aos detentores. É o que remete ao tema da legitimidade do exercício do poder político e, de outra banda, à perda dessa legitimidade pelos detentores do poder.

1.1.2 Legitimidade

Discutir a questão da legitimidade do poder político implica perquirir, aprioristicamente, quem são os detentores do poder. Nesse sentido, Loewenstein (1976, p. 37-38) advoga a interlocução do constitucionalista com o sociólogo político para pontuar uma distinção pragmática entre os detentores do poder como oficiais ou visíveis exteriormente a envolver, em regra, autoridades e funcionários do Estado que, no contexto do constitucionalismo, encontram-se vinculados a um cargo público com atribuições previstas em lei e, de outro lado, os detentores não oficiais ou indiretos ou, ainda, invisíveis a tratar de grupos de interesses que dominam os meios de comunicação de massa por meio dos quais influenciam a formação da opinião pública e da vontade dos destinatários do poder.

Investigar aqui mecanismos de destituição de governos por perda de legitimidade democrática implica, por questões de delimitação metodológica, centrar análise sobre o exercício do poder político, pelos detentores oficiais ou, visíveis, do ponto de vista constitucional, o que não implica desconsiderar a relevância de tanto outros fatores que envolvem os grupos de pressão, organizados em torno de poderes econômicos, religiosos, culturais, militares, entre outros, e que atuam, muitas das vezes, às sombras nas disputas pelo poder político.

Max Weber destaca que "os que atuam na política aspiram ao poder ou como meio para atingir outros fins, abstratos ou individuais, ou como poder pelo poder, para desfrutar da sensação de *status* que ele proporciona" (2003, p. 10). E, continuando, estabelece que

> [...] o Estado é uma relação de homens que *dominam* seus iguais, mantida pela violência legítima (isto é, considerada legítima). Para que o Estado exista, os dominados devem obedecer à suposta autoridade dos poderes dominantes. Daí as seguintes perguntas: quando e por que obedecem aos homens? Ora, em que justificações

> intrínsecas ou extrínsecas se baseia essa dominação? (WEBER, 2003, p. 10).

Subentende-se, pois, que há alguma razão positiva e, razoavelmente justa, para que os homens obedeçam em consciência à autoridade. Ao interpretar tal leitura, Morais (2018, p. 46) compreende "legitimidade do poder político como o conjunto de vínculos, valores e princípios de ordem cultural, política e jurídica que justificam junto dos governados, o tipo de autoridade titulada e exercida pelos governantes".

Cabe notar, pela lente sociológica de Weber (2003, p. 10-11), os três fundamentos da legitimação da dominação, a saber: tradicional, carismática e legal-racional. O primeiro consiste na dominação tradicional, personalizada pelo patriarca ou pelo príncipe patrimonial de tempos antigos, cuja autoridade advém dos usos e costumes de observância compulsória. Em seguida, destaque-se a dominação carismática exercida pelo grande líder que apresenta poderes especiais (o carisma), fundando-se a dominação numa confiança ou devoção de que a autoridade é dotada de qualidades pessoais de caráter excepcional ou heroica. Por fim, destaca o sociólogo alemão, a dominação legal-racional, fundada na convicção de uma ordem jurídica válida e definidora de competências funcionais bem claras que fixam limites ao poder que se excede.

Esse último fundamento de dominação, legal-racional, segundo Morais (2018, p. 12), é o que predomina no tempo presente do mundo ocidental dada a expansão da constitucionalização do poder político, levando os cidadãos a aceitarem a autoridade de quem governa por um domínio de índole formal, a partir da aplicação do Direito. De toda sorte, oportuna a advertência do próprio Weber (2003, p. 12) de que esses três fundamentos de dominação dificilmente podem ser identificados em estado puro, deixando-se essa análise para a seara da ciência política em geral.

Bobbio, na fala de Herrera (2014, p. 53), não adstringe sua leitura de legitimidade do poder político à interpretação sociológica de Max Weber, uma vez que o pensador italiano também dialoga com a teoria pura do Direito, de Hans Kelsen, ao dizer que esta última ecoa tanto como norma quanto como poder, simultaneamente, deixando clara a relação de interdependência entre norma e poder, como os dois lados da mesma moeda, que provêm da mesma força do Estado.

Para Bobbio (2000, p. 234-239), de um lado, o poder político produz o Direito (positivado) e o mantém vivo em determinado território, e, do outro, o Direito justifica ou legitima o poder político, distinguindo-se este das mais variadas formas de poder de fato enquanto poder juridicamente fundado. Ambas as visões interagem entre si, podendo dar-se ênfase ora ao verso, ora ao reverso da moeda.

Em verdade, Bobbio é categórico ao frisar que

> [...] um poder é considerado legítimo quando quem o detém o exerce a justo título, e o exerce a justo título enquanto for autorizado por uma norma ou por um conjunto de normas gerais que estabelecem quem, em uma determinada comunidade, tem o direito de comandar e de ter seus comandos obedecidos (BOBBIO, 2000, p. 235).

Eis o ponto-chave. Oportuno, então, perquirirem-se – ao longo de uma cadeia de pensamento no mundo ocidental – algumas trilhas da relação entre poder político, legitimado pelo

Direito e a construção de governos que comandam os destinos de uma comunidade mediante obediência e consenso pelos destinatários do poder.

1.1.2.1 A legitimidade do poder político e o Cristianismo

Stott (2007, p. 412) destaca a existência de antiga tradição do Antigo Testamento[1] bíblico no sentido de que Javé é soberano sobre todos os reinos humanos, estabelecendo, por ato de vontade divina, as autoridades, os reis e os príncipes. Tal inspiração conduziu o apóstolo Paulo a declarar, mais adiante, na Carta aos Romanos[2], que as autoridades humanas são derivadas da autoridade de Deus, e, por essa razão, todo cristão deve submeter-se a elas, negando-se a atos de rebelião à vista do ideal divino.

Refutando uma perspectiva de submissão absoluta e acrítica, Stott (2007, p. 414) pontua que a autoridade dos governantes provém de Deus, mas, se eles abusarem dela, invertendo o encargo conferido por Deus, de modo a praticarem o mal, à luz dos preceitos bíblicos, cabe aos cristãos o dever de resistência e não sujeição para desobedecer ao Estado a fim de obedecer somente a Deus.

---

1 Provérbios 8.15-16 (Por mim reinam os reis, e por mim decretam os legisladores o que é justo. Por mim imperam os príncipes, e os poderosos decretam a justiça). *Bíblia Sagrada.* Nova tradução na linguagem de hoje. São Paulo: Ed. Soc. Bíblica do Brasil, 2005.

2 Romanos 13. 1-2 (Todos devem sujeitar-se às autoridades governamentais, pois não há autoridade que não venha de Deus; as autoridades que existem foram por ele estabelecidas. Portanto, aquele que se rebela contra a autoridade está se opondo contra o que Deus instituiu, e aqueles que assim procedem trazem condenação sobre si mesmos) *Bíblia Sagrada.* Nova tradução na linguagem de hoje. São Paulo: Ed. Soc. Bíblica do Brasil, 2005.

Por outra banda, Amaral (1998, p. 55) relembra outra perspectiva, a partir de Santo Agostinho, no que se refere ao dever de obediência ao poder político na leitura da Carta aos Romanos. De efeito, segundo anota, o Estado é sem dúvida instrumento ordenado por Deus, o que implica o dever absoluto de obediência, uma vez que não há limitações ao poder dos governantes. A rigor, para Amaral (1998, p. 161-163), embora Santo Agostinho aponte funções positivas de comandar, prover e aconselhar para as autoridades em benefício de seu povo, afirma ele que o homem não pode sequer distinguir entre bons e maus governantes, devendo importar-se apenas com o futuro da vida eterna, e não o tempo na vida terrena.

Em verdade, continua Amaral:

> O dever de obediência a todas as leis e decisões dos governantes sói é excluído pelo bispo de Hipona quando elas sejam diretamente contrárias à lei de Deus: mas, mesmo nesse caso, os governantes poderão punir a desobediência dos seus súbditos, e estes devem aceitar resignadamente, e sem resistência, as penas que lhes forem aplicadas pelo facto de terem desobedecido (AMARAL, 1998, p. 160).

São Tomás de Aquino, num outro olhar, constrói a perspectiva de que todo o poder vem de Deus, por intermédio do povo, concedendo atributos ao homem, mediante a razão, para que seja possível o surgimento de uma sociedade política – o Estado. Adquire relevo, pois a ideia defendida por São Tomás de Aquino, de que a formação do Estado atende à finalidade específica de promover o bem comum, tanto no sentido coletivo quanto numa base individual, a envolver aspectos da vida material, intelectual, espiritual e religiosa, permitindo que o homem possa dedicar-se, a partir de um esteio mínimo de felicidade, a sua caminhada em busca da vida eterna (AMARAL, 1998, p. 175-176).

O ponto de partida, para Israel (2005, p. 62), seguindo essa trilha, é a perspectiva aristotélica que "acredita que a sociedade civil não rompe com a natureza, mas está em continuidade com ela promovendo a sociabilidade natural ao homem", de modo que o governo se insere menos no direito divino e mais na lógica do bem comum numa análise da natureza e da evolução do homem em sociedade, tal como foi criado por Deus.

Na leitura de Amaral (1998, p. 179), Santo Tomás de Aquino define que "o poder político, embora de origem divina, é instituído e regulado pela vontade dos homens; e que as suas duas principais manifestações - a escolha dos governantes e a feitura das leis - competem ao povo".

Assim, se cabe ao povo o uso racional da inteligência para a escolha de governantes, há que se aventar a hipótese de destituição e de nova escolha, diante de governos que assumam fisionomias tirânicas, militando contra o bem comum.

Nessa linha, Amaral (1998, p. 184) sublinha que tem o povo, então, o direito de depor o governante, desde que este falhe no cumprimento dos deveres do seu cargo, observando-se, aqui, certo embrião de "contratualismo" em São Tomás de Aquino - "se o governante não cumpre o pacto que o liga aos cidadãos, estes não lhe devem mais obediência".

Soma-se a essa hipótese a possibilidade de destituição dos governantes tirânicos por recurso a um poder hierárquico superior, no caso de colônia, dependente de poder alheio; de recurso ao poder direto de Deus, com vistas à sua intervenção no mundo terreno; e, por fim, ao exercício da desobediência do povo cristão se o rei for declarado pela Igreja como herético, cismático ou excomungado, admitindo a Igreja a deposição do príncipe em causa (AMARAL, 1998, p. 184-185).

O governante perde, assim, o justo título de comando, podendo ser destituído legitimamente pelo povo sem afronta aos preceitos clássicos do pensamento cristão.

1.1.2.2 A legitimidade do poder político: contribuições de Hobbes, Locke e Rousseau

Para Lomba (2008, p. 26) os ventos do iluminismo, do racionalismo científico e, posteriormente, do constitucionalismo liberal sopraram dúvidas razoáveis sobre teorias políticas fundadas em dogmas e concepções religiosas acerca da origem do poder político. Dessa forma, contribuíram decisivamente para o amadurecimento de outras perspectivas relacionadas ao fenômeno da legitimidade e da transferência do poder político, "de sorte que a máxima quase uníssona do *omnis potesta a Deo* – todo o poder vem de Deus – passava a ser questionada pela assunção de que o poder temporal poderia facilmente conviver com o transcendental".

Exsurgem, assim, os movimentos contratualistas de justificação e legitimação do poder político, adquirindo traços de identidade e nuances de particularidade.

Pires (2016, p. 39) pontua que, como ponto de convergência, a síntese das teorias contratualistas permite "a determinação da natureza dos pactos sociais pela orientação da igualdade, o que se faz, tomando o indivíduo (o homem como ser único da espécie) como cerne da questão, isto é, como a igualdade orienta a passagem do indivíduo do estado de natureza para a sociedade civil", antecedendo a formação do Estado.

De outra banda, destacando as linhas de pensamento de Thomas Hobbes[3], Pires (2016, p. 159) frisa que a conduta imanente do homem em estado de natureza é beligerante e de aniquilamento de seus semelhantes, o que conduz o indivíduo a transferir seu poder sobre as coisas a um terceiro apto a garantir-lhe a preservação da vida, mediante uso da necessária coercitividade, permitindo a formação da sociedade.

De acordo com Hobbes (2015, p. 165-166), o soberano em cada Estado, portanto, é o representante absoluto de todos os súditos, sendo dotado de direitos incomunicáveis e inseparáveis que são essenciais ao exercício da soberania, com vistas à preservação da paz, da justiça e da defesa naquele território.

Dentre tais direitos do soberano, umbilicalmente vinculados ao exercício da própria soberania, destaca-se a impossibilidade de mudança da forma de governo, bem como a impossibilidade de deposição, rebelião ou insubordinação – por qualquer alegação de transgressão –, uma vez que "o direito de ser titular da pessoa dos outros é entregue ao soberano apenas pelo pacto de uns com os outros, e não pelo pacto do soberano com cada uma das pessoas" (HOBBES, 2015, p. 160-162). Assim,

---

[3] "Dizemos que um Estado é instituído quando um Grande número de homens Consente e Pactua cada um com todos os outros que, pela maioria de votos, se dará a qualquer Homem ou Assembleia de Homens o Direito de Apresentar a pessoa de todos eles (isto é, de ser seu Representante); todos os que Votaram a favor e de todos os que Votaram contra deverão Autorizar todas as ações e os Julgamentos do Representante, ou da Assembleia, da mesma maneira como se fossem suas próprias Ações e seus próprios Julgamentos, tendo como objetivo a convivência pacífica e a proteção contra outros homens" (MALMESBURRY, 2015, p. 159).

as ações do soberano não podem ser justamente repreendidas pelos súditos, prevalecendo o reino da irresponsabilidade política pelo poder ilimitado, atribuído para os propósitos que conduziram à fundação do Estado.

Observa-se, por oportuno, que o príncipe governante não pode ser sequer afastado por cessão ilimitada de poderes salvo se houver a renúncia expressa e direta do poder soberano, do governo, abrindo ensanchas para a divisão do domínio e contrariando a paz e as condições de defesa (HOBBES, 2015, p. 166). Os corpos políticos, criados e instituídos por autoridade do poder soberano, são sempre limitados, conforme prescrição do próprio soberano, de modo que o poder, eventualmente concedido ao representante de um corpo político instituído, dependerá da ordem escrita e das leis do Estado (HOBBES, 2015, p. 204).

A estabilidade da posição do soberano no governo é, por conseguinte, essencial para a consecução dos objetivos pronunciados na formação do Estado no sentido de realização da paz comum e da garantia de proteção da vida dos indivíduos.

Para Pires (2016, p. 38), diferentemente se dá no pensamento de John Locke, na medida em que este vê um estado de natureza, destoante do de Hobbes, prevalecendo uma vida originariamente de paz e harmonia, com preservação natural da vida, da liberdade, da saúde e do trabalho.

Israel (2005, p. 66) pontua que o pacto social fundante do Estado, nessa esteira, teria por foco limitar o poder para assegurar a liberdade natural do homem e o seu bem-estar contra as ameaças trazidas pelo próprio poder.

Como frisado por Locke (2002, p. 68) "os homens são, por sua natureza, livres, iguais e independentes, e por isso nenhum pode ser expulso de sua propriedade e submetido ao poder político de outrem sem dar seu consentimento". No estado de natureza, vale ressaltar, impera a liberdade, que associada ao amor-próprio de cada criatura humana, torna-os parciais para si e seus amigos e, assim, inaptos para que julguem suas próprias desavenças. Outro aspecto relevante é a conclusão de que o governo só pode ter sido obra da criação divina para reprimir a parcialidade narcísica dos homens, observando-se a tendência humana para o mal, para a vingança e para os abusos nos julgamentos, aspectos esses difusores de um quadro de evidente acirramento do caos (LOCKE, 2002, p. 20).

É o contrato social, portanto, que permite aos homens obter o que no estado de natureza lhes falta: a segurança (ISRAEL, 2005, p. 66), sendo tomada agora em sentido distinto de Hobbes, já que voltada à preservação da propriedade dos membros da sociedade (LOCKE, 2002, p. 140). O objetivo da sociedade civil instituída, por conseguinte, é

> [...] evitar e contornar os inconvenientes do estado de natureza, frutos inevitáveis do fato de poder cada um ser juiz e executor em causa própria, estabelecendo-se para tal uma autoridade reconhecida para a qual todos os membros dessa sociedade podem apelar por qualquer dano sofrido ou controvérsia que possa surgir, e à qual todos os membros têm de se submeter (LOCKE, 2002, p. 63).

Assim, mediante tal assentimento, verifica-se a possibilidade de instituição de governos legítimos.

Tal governo originariamente legítimo, entretanto, pode enveredar-se por caminhos tortuosos que levem à perda de legitimidade, decorrente de abuso de poder, implicando a dissolução do governo. É o que se dá, por exemplo, dentre outras possibilidades, quando o legislativo ou o executivo, ou ambos, agem de encontro à orientação de quem lhe delegou poder (LOCKE, 2002, p. 137).

Ora, todas as vezes que o legislativo ou o executivo, sendo "movido por cobiça, medo, loucura ou corrupção, tentar apossar-se ou entregar a terceiros o poder absoluto sobre a vida, liberdade e propriedade do povo, perde, com isso, o poder que a comunidade lhe confiou para fins opostos" (LOCKE, 2002, p. 140), reassumindo o povo a liberdade primitiva de escolher um novo poder político mais adequado para garantia da segurança e da propriedade[4].

E, mais ainda, a demonstrar a essencialidade da perda de confiança na capacidade de o governo promover o bem dos homens (LOCKE, 2002, p. 145), Locke assevera que

> [...] viola também o seu dever quando emprega a força, os recursos ou os cargos governamentais para corromper os representantes e atraí-los a seus próprios fins, ou quando claramente alicia os eleitores e impõe à sua escolha alguém que anteriormente ganhou para os seus desígnios com promessas, ameaças ou de qualquer outro modo, empregando-o para assessorar os que comprometeram de antemão o seu voto (LOCKE, 2002, p. 141).

---

4 Por poder político, Locke entende como sendo "o direito de elaborar as leis, incluindo a pena de morte e portanto as demais penalidades menores, no intuito de regular e conservar a propriedade, e de utilizar a força da comunidade para garantir a execução de tais leis e para protege-la de ofensas externas. E tudo isso visando só ao bem da comunidade" (LOCKE, 2002, p. 140).

Em tais situações, indaga o pensador inglês: o que é melhor aos homens? "Ficar entregues à vontade desenfreada da tirania, ou os governantes, por vezes, sofrerem à oposição, quando exorbitem no uso do poder e o empreguem para a rapinagem e não para a preservação das propriedades do povo"? (LOCKE, 2002, p. 145).

A dissolução dos governos pelos homens por perda de legitimidade e de confiança é o caminho apontado, como se denota no capítulo XIX do *Segundo tratado sobre o governo civil*. E, problematizando a si próprio, Locke aduz que:

> Alguém poderá objetar ao que foi dito que, por ser o povo ignorante e sempre descontente, fundamentar um governo na opinião vacilante e na disposição incerta do povo é expô-lo à ruína certa; e governo algum poderá se manter por muito tempo se o povo tiver o poder de instituir novo legislativo sempre que esteja descontente com o antigo. Minha resposta será: bem pelo contrário. O povo não se livra tão facilmente das formas estabelecidas, como alguns se comprazem em sugerir. É difícil conseguir que corrija os defeitos reconhecidos da organização à qual está afeito. E existindo defeitos, originais ou introduzidos pelo tempo e pela corrupção, não é fácil alterá-los, mesmo que haja uma clara oportunidade para tanto. Esta relutância do povo em deixar de lado as constituições antigas ainda faz com que, depois das muitas revoluções deste reino, nesta época e anteriormente, e depois de algumas tentativas infrutíferas, ainda voltemos para a antiga legislação de reis, lordes e comuns; e independentemente das afrontas que fizeram arrancar a coroa da cabeça de alguns príncipes, nunca o povo a colocou na cabeça de outra linhagem (LOCKE, 2002, p. 142).

Locke (2002, p. 142) suscita ainda duas outras objeções. A primeira a de que a possibilidade de dissolução do governo ilegítimo daria margem a frequentes rebeliões e, em resposta, redargui, igual possibilidade subsiste sempre que o povo é maltratado e injustiçado, desejando a todo instante livrar-se dos grilhões que o oprimem diante dos percalços da política. Ademais,

> [...] as revoluções não acontecem por qualquer pequeno desvio dos administradores. O povo suporta, sem revolta ou murmúrio, erros mesmo grandes dos governantes, desatinos e inconveniências das leis, e as faltas da fraqueza humana. Mas se repetindo longamente os abusos, prevaricações e falcatruas, apontando para um mesmo fim que se torna patente ao povo, este perceberá o que o ameaça e para onde está indo, e não será, pois de admirar que se revolte e queira confiar o mando em mãos que lhe garantam o cumprimento dos fins primários do governo (LOCKE, 2002, p. 143).

Em derradeiro, Locke (2002, p. 143) sublinha que o poder assegurado ao povo de escolher novos representantes sempre que houver atuação contrária à confiança legítima consiste na melhor garantia contra a rebelião, afastando o perigo da injustiça e do arbítrio seja no legislativo, seja no executivo. De fato, nesse contexto, quem pratica rebelião não é propriamente o povo, mas sim as autoridades que – seduzidas ou inebriadas pelo jogo do poder e pelas veleidades dos cargos ocupados – descumprem preceitos constitucionais e legais, dando azo à sociedade civil para buscar a preservação da propriedade e da paz.

Locke (2002, p. 154) pontua que resta, então, saber quem julgará o governante, se ele age de modo contrário ao encargo recebido. Nesse jaez, o autor responde que, tal posição de julgador cabe ao povo para decidir se o depositário da confiança que o elege atua consoante o combinado eleitoralmente ou não, facultando-se a ele o poder de afastá-lo quando descumprir tal encargo.

Jean-Jacques Rousseau, *apud* Pires (2016, p. 40), por sua vez, interage com os últimos pensadores acima referidos, tomando por premissa a ideia de que o homem é ser singular dotado de razão e de uma essência de igualdade "em que a preservação do semelhante vem de uma construção moral pela qual não se deve fazer nenhum mal ao outro porque cada ser humano é sensível".

Refuta, por conseguinte, Rousseau (1999, p. 165-166) os pressupostos do estado de natureza desenhados por Hobbes por entender que nada indica ser o homem naturalmente mau, vicioso ou faccioso. Ao revés, aponta que passou despercebido por Hobbes um importante princípio da natureza humana que associa o homem à dor intrínseca de ver um semelhante enfrentar o sofrimento, cujo afastamento seria parte constitutiva de sua busca por bem-estar.

Trata-se, aqui, da piedade que antecede o uso da própria razão, deixando sinais sensíveis até nos próprios animais, mas que se constitui mesmo como autêntico sentimento natural que concorre para a conservação de toda a espécie, impedindo-o de perpetrar o mal em estado primitivo. Piedade é tratada, nessa toada, como a capacidade de empatia do ser humano em estado natural, levando o homem ao socorro – sem maiores reflexões – àqueles que vê sofrer (ROUSSEAU, 1999, p. 168). Há, por conseguinte, uma relação de igualdade natural entre os homens.

A percepção da existência do ciúme, da discórdia, da vaidade, da vergonha, do desprezo e demais males levou Hobbes a concluir precipitadamente, na visão de Rousseau, que o ser humano seria naturalmente inclinado para a crueldade, sendo a ação policial uma necessidade para a vida em sociedade (ROUSSEAU, 1999, p. 182). É que, para o pensador francês, a percepção do mal na espécie humana se dá em povos que já se encontravam muito distantes do estado natural em que prevaleciam homens errantes e que viviam tão somente em busca do amor ao bem-estar, sem qualquer preocupação com um futuro distante ou cogitação do amanhã (1999, p. 176-178).

Entretanto, tudo se transforma, na medida em que os homens se tornam lentamente mais gregários, reunindo-se em diversas tribos com localidades fixas assemelhadas pelo clima e outros fatores. A partir de então, numa perspectiva quase metafísica, o ciúme, a discórdia e a violência afloram a tomar conta da alma humana à menor contrariedade ou oposição (ROUSSEAU, 1999, p. 180-181).

A sociedade política surge, assim, com a perda da condição de igualdade e com o surgimento da noção de propriedade (PIRES, 2016, p. 41).

Num estado de consciência no qual ações de vaidade, menosprezo e vinganças desproporcionais sobrelevam à mão própria, Rousseau ressalta que

> [... a bondade conveniente ao estado natural puro não mais convinha à nascente sociedade; que se fazia preciso que as punições se tornassem mais severas, à medida que as oportunidades de ofender aumentavam de frequência; e que, devido ao terror da vingança, se fazia necessário o freio das leis (ROUSSEAU, 1999, p. 182).

Nesse quadro é que os homens aceitam alienar totalmente sua liberdade e seus direitos em favor da sociedade, mediante um contrato social, de maneira a assegurar-se a retomada da igualdade, em torno de uma vontade geral, manifestada em assembleia num corpo moral e coletivo (PIRES, 2016, p. 43).

A fonte da legitimidade política é, dessa forma, posicionada democraticamente na vontade dos cidadãos (ISRAEL, 2005, p. 68), na medida em que os homens reunidos se consideram um corpo único, cuja vontade – também única – se relaciona com o bem-estar geral da comunidade (ROUSSEAU, 1999, p. 103). A vontade geral, assim, assume papel de especial relevo para concretizar o bem comum – a toda evidência percebida por todos –, permanecendo indestrutível mesmo quando os mais vis interesses particulares afrontam os laços sociais no corpo único. Para Rousseau (1999, p. 103-104), nesta última hipótese de ameaça à unidade do Estado, a vontade geral deve sempre prevalecer em estado de imutabilidade, ainda que seja aviltada por outros desejos infames. Permanece, nessa trilha, apenas emudecida, atuando os cidadãos guiados por motivos escusos para perseguir como único fim o interesse particular.

É preciso, pois, a instituição de "um corpo intermediário, estabelecido entre os vassalos e o soberano, para possibilitar a recíproca correspondência, encarregado da execução das leis e da manutenção da liberdade, tanto civil como política" (ROUSSEAU, 1999, p. 65). Trata-se da instituição de um governo. Rousseau identifica como governo, por conseguinte, o exercício legítimo do poder executivo, recebendo do legislativo os comandos necessários a serem impostos ao povo para assegurar um equilíbrio adequado entre o Estado e o poder dos cidadãos (1999, p. 65).

Porém, tal relação goza de uma tendência a degenerar em face da inclinação do abuso do governo pelo conflito de vontade do governante contra o povo, rompendo o tratado social. E prossegue Rousseau ao dizer que há dois caminhos gerais que levam a essa degenerescência, a saber: quando o governo se restringe ou quando o Estado se dissolve (1999, p. 88-89).

Restringe-se o governo quando passa do grande número ao pequeno, isto é, da democracia à aristocracia, e da aristocracia à realeza. Por sua vez, o Estado se dissolve quando o príncipe ou governante não mais o administra conforme as leis e usurpa o poder do povo soberano, dando azo a um novo Estado, composto apenas por membros do governo e que nada é em relação ao povo senão senhor e tirano (ROUSSEAU, 1999, p. 90). Há, aqui, perda da legitimidade política pela ruptura do pacto social, e "todos os simples cidadãos, recolados de direitos em sua liberdade natural, são forçados, mas não obrigados a obedecer" (ROUSSEAU, 1999, p. 89).

Cabe, pois, ao povo soberano o dever de resistir e decidir permanentemente. Com maior clareza, Rousseau afirma que

> [...] o ato instituidor do governo não constitui um contrato, mas uma lei; que os depositários do poder executivo não são em absoluto os senhores do povo, mas apenas seus oficiais; que o povo dispõe do direito de nomeá-los e os substituir quando bem lhe aprouver; que o problema, para eles, não consiste em contratar, mas em obedecer, e que, incumbindo-se das funções que lhes são impostas pelo Estado, outra coisa não faz senão cumprir com seu dever de cidadãos, sem terem de maneira alguma o direito de discutir as suas condições (ROUSSEAU, 1999, p. 100).

Encerra-se, assim, a proteção do justo título de exercício do poder controlado pelo povo soberano, mediante evidente cláusula de responsabilidade política. Nessa trilha, Lomba (2008, p. 27) sedimenta a ideia de que "a humanização e secularização do poder político foram, pois, um pressuposto necessário da responsabilidade do poder político".

1.1.2.3 A legitimidade do poder político e o Estado de direito democrático

José Joaquim Gomes Canotilho (1999b, p. 16) afirma que eliminar o arbítrio no exercício dos poderes públicos, assegurando-se direitos aos indivíduos perante esses poderes, é a marca essencial de um Estado de direito (Canotilho, 1999b, p. 9), razão pela qual se torna importante a separação dos poderes constituídos, a garantia de direitos e liberdades, o pluralismo político e social, o direito de recurso contra abuso dos funcionários, a subordinação da administração à lei constitucional e a fiscalização da constitucionalidade das leis.

Ao traçar melhor a linha conceitual, Canotilho (1999b, p. 11) estabelece a distinção entre Estado de direito e "Estado de não direito", sendo o primeiro aquele cujos contornos de ação são pautados pelo direito e este último, contrariamente, aquele em que o poder político se apresenta desassociado de critérios jurídicos e no qual há uma recusa de liberdade aos indivíduos.

Ao prosseguir nessa análise dicotômica, Canotilho (1999b, p. 13) pontua ainda, três ideias básicas de caracterização do Estado de não direito, a saber: "(1) é um Estado que decreta leis arbitrárias, cruéis ou desumanas; (2) é um Estado em que o direito se identifica com a 'razão do Estado' imposta e iluminada por 'chefes'; (3) é um Estado pautado por radical injustiça e desigualdade na aplicação do direito".

E sedimenta como critério de percepção da existência de um autêntico "Estado de não direito" o elemento da insuportabilidade, ou seja, o momento de percepção social em que

> [...] contradição entre as leis e medidas jurídicas do Estado e os princípios de justiça (igualdade, liberdade, dignidade da pessoa humana) se revele de tal modo insuportável (critério de insuportabilidade) que outro remédio não há senão o de considerar tais leis e medidas como injustas, celebradas e arbitrárias e, por isso, legitimadoras da última razão ou do último recurso ao dispor das mulheres e homens empenhados na luta pelos direitos humanos, a justiça e o direito - o direito de resistência, individual e colectivo (CANOTILHO, 1999b, p. 14).

Quanto ao Estado de direito, faz-se mister, ainda, que o governo não apenas seja regulado pela Constituição e limitado pelos direitos e liberdades, mas também seja justificado ou legitimado, de modo que o "'governo que se aceita' será apenas o governo subordinado a leis transportadoras de princípios e regras do direito, de natureza duradoura e vinculativa, explicitados na Constituição" (CANOTILHO, 1999b, p. 25).

Com efeito, além da pujança do direito e dos marcos regulatórios limitadores do poder estatal, há necessidade de buscar-se a justificação ou legitimação do exercício do poder político.

Trata-se, a bem da verdade, de sobrepujar as funções clássicas do Estado restritas ao círculo jurídico formal atinente à trilogia do executivo, legislativo e judiciário, indo também ao encontro das finalidades materiais nos campos político, econômico e social (GORDILLO, 2003a, p. IX-34/IX-35).

Fundamental, nessa medida, a legitimação democrática do poder político, o que se dá tanto pelo respeito às liberdades negativas, isto é, das liberdades de defesa e distanciação do Estado fruto do liberalismo político clássico, quanto das liberdades positivas das quais derivam os direitos de participação política na esfera pública. Regras do Direito (juridicidade estatal) e formação da vontade do povo (democracia) precisam, nesse jaez, ser balanceadas para imprimir a marca de legitimidade do poder político ao Estado constitucional (CANOTILHO, 1999b, p. 28-29).

Para cumprir tal desiderato, segundo Canotilho (1999b, p. 30), apenas o princípio da soberania popular, pontuando que todo o poder vem do povo, e efetivado a partir de parâmetros e procedimentos juridicamente regulados, é que consegue assegurar o equilíbrio entre Estado de direito e Estado democrático, dando substância ao conceito de Estado de direito democrático.

É o que se encontra tanto na Constituição da República Portuguesa de 1976[5] quanto na Constituição da República Federativa do Brasil de 1988[6]. E um dos instrumentos mais

5 Art. 2º A República Portuguesa é um Estado de direito democrático, baseado na soberania popular, no pluralismo de expressão e organização política democráticas, no respeito e na garantia de efetivação dos direitos e liberdades fundamentais e na separação e interdependência de poderes, visando à realização da democracia económica, social e cultural e o aprofundamento da democracia participativa.

6 Art. 1º A República Federativa do Brasil, formada pela união indissolúvel dos Estados e Municípios e do Distrito Federal, constitui-se em Estado Democrático de Direito e tem como fundamentos: I - a soberania; II - a cidadania; III - a dignidade da pessoa humana; IV - os valores sociais do trabalho e da livre iniciativa; V - o pluralismo político. Parágrafo único. Todo o poder emana do povo, que o exerce por meio de representantes eleitos ou diretamente, nos termos desta Constituição.

relevantes da soberania popular, em Portugal[7] e no Brasil[8], é o exercício do direito de voto por meio do sufrágio universal, igual, direto e secreto, assegurando-se a livre escolha pelo povo de seus legítimos governantes, que estarão aptos ao exercício do poder nos termos do ordenamento jurídico estatal.

Assim, em um autêntico Estado de direito democrático, sublinha-se a necessária consorciação entre respeito à legalidade e, *pari passu*, à legitimidade advinda da soberania popular, de maneira que subsistam o Estado regulado pelo direito e o poder político legitimado pelo povo (CANOTILHO, 1999b, p. 32). Forma e conteúdo, portanto, caminham de mãos dadas para robustecer valores ontologicamente relevantes - como segurança e confiança - com vistas à efetivação de novos e outros ideais de justiça e convivência social (CANOTILHO, 1999b, p. 76).

É nesse contexto que os governos contemporâneos assumem importância e força inigualáveis na história, dado o entendimento construído entre poder, política e direito, conferindo novas significações ao sentido de democracia.

1.2 DEMOCRACIA E ESCOLHA DOS GOVERNOS

1.2.1 Concepções e justificações do princípio democrático

Em sentido filosófico, Lefort (1991, p. 29) analisa a democracia como forma de sociedade, sendo descabido restringi-la

7 Art. 10. 1. O povo exerce o poder político através do sufrágio universal, igual, direto, secreto e periódico, do referendo e das demais formas previstas na Constituição.

8 Art. 14. A soberania popular será exercida pelo sufrágio universal e pelo voto direto e secreto, com valor igual para todos, e, nos termos da lei, mediante: I - plebiscito; II - referendo; III - iniciativa popular.

a um sistema de instituições. Distinguindo-se do sistema monárquico do Antigo Regime, o traço de singularidade da democracia consiste no fato de que o lugar do poder – antes ocupado tão somente pela figura corporal do príncipe enquanto entidade secular e, simultaneamente, como representante de Deus – passa a ser um lugar vazio, o que impede os governantes de se apoderarem do poder e abre ensanchas à separação entre Estado e sociedade civil (LEFORT, 1991, p. 32). Assim, poder e Estado já não ocupam o mesmo espaço de identidade de outrora.

Nessa linha, para Lefort (1991, p. 32), a democracia vai além de pormenores institucionais, sendo local de competição disciplinada onde os conflitos existentes dentro e fora da sociedade se desenvolvem mediante procedimento que permite um reajuste periódico.

O lugar do poder na democracia, assim, representa aquela singularidade filosófica, na medida em que é inocupável, vazio e infigurável. Restam visíveis apenas os mecanismos de seu exercício e os homens que detêm a autoridade política transitoriamente.

Para deixar ainda mais claro, Lefort (1991, p. 118) diz que "o poder aparece como um lugar vazio e aqueles que o exercem como simples mortais só o ocupam temporariamente ou não poderiam nele se instalar a não ser pela força ou pela astúcia". E prossegue ao pontuar que "a democracia inaugura a experiência de uma sociedade inapreensível, indomesticável, na qual o povo será dito soberano, certamente, mas onde não cessará de questionar sua identidade, onde esta permanecerá latente...".

O que importa notar nessa concepção de democracia é que a legitimidade do poder não se restringe ao conceito clássico de soberania popular – fundado sobre o povo – inscrito nas

Constituições de diversos países. De fato, sem embargo deste último aspecto, depreende-se que tal legitimidade se associa ainda à representação simbólica de um lugar vazio do poder, que não pode ser preenchido e que não pode ser apreendido por qualquer autoridade pública temporariamente no exercício do poder. De tal arte, "a democracia alia estes dois princípios aparentemente contraditórios: um, que o poder emana do povo; outro, que esse poder não é de ninguém" (LEFORT, 1991, p. 76).

Essa percepção invoca dois cuidados especiais para a sobrevivência de uma sociedade democrática. De um lado, exige que o lugar do poder seja encarado como vazio apenas do ponto de vista simbólico, e não como efetivamente vazio, sob pena de permitir que as autoridades públicas passem à condição desviante de grupo que tentará a todo custo fazer prevalecer interesses particulares individuais ou corporativos (LEFORT, 1991, p. 76). Por outro, exige que a imagem do povo não seja apropriada ou incorporada em um partido ou grupo ou pessoa, frustrando o princípio da diferença e da pluralidade das relações sociais, de modo a abrir espaço para o germe do totalitarismo, que suprime - na imagem de um povo-uno - a separação entre Estado e sociedade civil a partir de homogeneizações artificiais (LEFORT, 1991, p. 76-77).

Firma-se, por conseguinte, o entendimento de Lefort (1991, p. 78) acerca da democracia como premissa relevante para discussão sobre possíveis reações do povo diante de autoridades públicas que perdem a legitimidade no exercício de mandatos temporários de cargos governamentais, permitindo que novas autoridades legítimas advenham ao poder fruto dos espaços plurais de disputa na sociedade.

Noutro giro, também se pode observar a democracia à luz de uma perspectiva político-jurídica que enfoca mais propriamente os mecanismos de seu exercício por meio do sufrágio.

Miranda (2014, p. 59), por esse viés, firma que "por democracia entende-se a forma de governo em que o poder é atribuído ao povo, à totalidade dos cidadãos (quer dizer dos membros da comunidade política) e em que é exercido de harmonia com a vontade expressa do povo, nos termos constitucionalmente prescritos". Pela mesma senda, Ribeiro (1996, p. 1) diz que a legitimidade governamental é centrada no consentimento do povo em qualquer democracia, devendo as funções governamentais ser exercidas em seu nome e para seu benefício.

São insuficientes, de todo modo, meras declarações ou simples reconhecimentos formais de atribuição de poder ao povo. Nem muito menos cabem concepções estáticas de "que o poder constituinte, a aprovação da Constituição positiva, compete ao povo, ficando os poderes constituídos para os governantes" (MIRANDA, 2014, p. 59). Fundamental, por isso, estabelecer juridicamente a forma de participação do povo no exercício do poder e ainda qual o papel adequado ao sufrágio popular, haja vista que a dinâmica do poder numa organização democrática pressupõe a efetiva participação popular nas atividades governamentais (RIBEIRO, 1996, p. 2). Em verdade, Miranda expõe:

> Democracia exige exercício do poder pelo povo, pelos cidadãos, em conjunto com os governantes; e esse exercício deve ser actual, e não potencial, deve traduzir a capacidade dos cidadãos de formarem uma vontade política autónoma perante os governantes. Democracia significa que a vontade do povo, quando manifestada nas formas constitucionais, deve ser o critério de acção dos governantes (MIRANDA, 2014, p. 59-60).

Torna-se relevante, por esse jaez, anotar as posições relativas aos governantes (detentores) e aos governados (destinatários) do poder do Estado e das formas de governo. Nessa trilha, ao diferenciar autocracia e democracia, Miranda sublinha, respectivamente, que:

> Ou os governantes (certo ou certos indivíduos) governam em nome próprio, por virtude de um direito que a Constituição lhes reserva, sem nenhuma interferência dos restantes dos cidadãos na sua escolha ou nos seus actos de governantes. Ou os governantes governam em nome do povo, por virtude de uma investidura que a Constituição estabelece a partir do povo, e o povo tem a possibilidade de manifestar uma vontade jurídica e politicamente eficaz sobre eles e sobre a atividade que conduzem (MIRANDA, 2014, p. 61).

A última hipótese, sem sombra de dúvida, caracteriza a democracia. Canotilho (1999a, p. 281), por sua vez, aponta traços de justificação positiva e negativa do princípio democrático a partir de duas linhas de pensamento. A primeira linha aponta para a chamada "fórmula de Lincoln", conferindo ênfase ao princípio democrático como norma jurídica constitucionalmente positivada por meio de um "governo do povo, pelo povo e para o povo". Segundo o autor, o princípio democrático, como inscrito constitucionalmente, é mais do que um método ou técnica de escolha de governantes, uma vez que tal princípio normativo busca transformar-se numa referência para a vida em sociedade.

Por essa senda, a Constituição portuguesa de 1976 tratou das questões de legitimidade-legitimação da ordem jurídica-constitucional em termos procedimentais e substanciais, como se denota dos arts. 2º e 10º, respectivamente. Quanto ao aspecto procedimental, normatizou a legitimação do poder de modo a vinculá-la ao respeito de determinadas regras e processos de escolha. De outra banda, quanto ao aspecto substancial, normatizou a legitimidade do domínio político à persecução e ao cumprimento de certos fins, valores e princípios, tais como a soberania popular, a garantia de direitos fundamentais, a liberdade de expressão e a organização política democrática. Tem-se, assim, a conformação normativa do princípio democrático como técnica de racionalização do processo político e também como forma de legitimação do poder (CANOTILHO, 1999a, p. 281-282).

A Constituição brasileira de 1988 seguiu os mesmos passos ao buscar a efetivação do princípio democrático à luz de aspectos normativo-substanciais e normativo-procedimentais. É o que se apontou acima à vista dos arts. 1º e 14, demonstrando que há um objetivo a ser realizado por meio da democracia (CANOTILHO, 1999a, p. 282), mediante a observância de determinadas regras e procedimentos, como o sufrágio universal e o voto direto, secreto e com valor igual para todos.

Digna de destaque, ainda, a compreensão apriorística da democracia como um processo que não pode ser reduzido a qualquer vinculação estática a pessoas ou grupos. Essencial, assim, assegurar uma visão dinâmica da democracia dada a necessidade de que os cidadãos gozem da liberdade de manifestação e de participação crítica no processo político. A democracia, por conseguinte, há de ser vista como um processo sempre em movimento inerente a qualquer sociedade aberta e viva (CANOTILHO, 1999a, p. 283).

O princípio democrático é também, segundo frisa Canotilho (1999a, p. 283), um princípio de organização tanto da titularidade quando do exercício do poder. Nessa linha, sendo inadequado legitimar um domínio com esteio em meras doutrinas e teorias abstratas, o princípio democrático organiza o domínio político de acordo com o programa de autodeterminação e autogoverno, ou seja, "o poder político é constituído, legitimado e controlado por cidadãos (povo), igualmente legitimados para participarem no processo de organização da forma de Estado e de governo". Tem-se, assim, a clássica fórmula esboçada pelo ex-presidente dos Estados Unidos da América Abraham Lincoln.

Mas, não subsiste somente uma justificação positiva da democracia associada à soberania do povo. Como dito anteriormente, Canotilho (1999a, p. 285) resgata, ainda, uma segunda linha de pensamento para anotar uma justificação negativa do princípio democrático à vista da chamada "fórmula de Popper", na qual sobressaem os aspectos essencialmente relacionados à técnica procedimental de escolha, eleição e constituição pacífica de governantes ou dirigentes.

Canotilho destaca, então, a democracia como procedimentos eleitorais legitimadores e procedimentos constitucionais deslegitimadores, de modo a permitir tanto a escolha quanto o afastamento dos titulares de cargos políticos. É o que se denota a seguir:

> A justificação da democracia em termos negativos e basicamente procedimentais pretende pôr em relevo que a essência da democracia consiste na estruturação de mecanismos de limitação prática do poder, visando criar, desenvolver e proteger instituições políticas adequadas

> e eficazes para um governo sem as tentações da tirania. As modalidades de "destituição" dos dirigentes e de "revogação" de mandatos e cargos políticos assumem aqui um papel constitutivo e organizador da ordem constitucional democrática. Tão ou mais importantes que os procedimentos eleitorais legitimadores são os procedimentos constitucionais deslegitimadores tendentes a possibilitar o afastamento dos titulares de cargos políticos (*impeachment, recall*, responsabilidade política, destituição, moção de censura) (CANOTILHO, 1999a, p. 285).

Miranda (2014, p. 94) também se refere à concepção de Karl Popper ao pontuar que este último contrapõe uma teoria realista de democracia a uma teoria clássica. Assim, a democracia "há-de ser o sistema em que os governantes podem ser afastados do poder sem violência, pacificamente, através do voto da maioria".

De maneira inequívoca, no contexto de uma ótica liberal, Ferreira giza que Karl Popper

> [...] associa a ideia de democracia à seguinte fórmula processual: 'que podemos nós fazer para organizarmos as nossas instituições políticas de tal forma que governantes maus ou ineficazes - que, evidentemente, tentamos evitar, mas a tarefa não é fácil - causem o mínimo dano possível [...]?' (Popper, 1987:16; cf. Popper, 1989:55) (FERREIRA, 2016, p. 218).

Nesse sentido é que a legitimidade dos governantes não se atém somente ao aspecto da investidura, embora seja indiscutivelmente relevante, mas envolve, também, a legitimidade quanto ao exercício do poder político governamental (RIBEIRO, 1996, p. 2). Há que se exigir, por conseguinte, uma renovada legitimidade conquistada não apenas no dia ímpar das eleições, mas uma legitimidade que deve ser permanentemente desafiada no dia a dia do exercício do poder ao realizar políticas públicas em proveito da maioria do povo.

1.2.2 Efetivação do princípio democrático

Além de concepções e justificações do princípio democrático, oportuno destacar, na linha do pensamento de Canotilho (1999a, p. 286), outros aspectos que se relacionam à efetivação real do princípio democrático. Pontue-se, assim, a relevância dos princípios da soberania popular, da representação popular, da democracia semidireta e da participação. Quanto ao princípio da soberania popular, verifica-se que

> [...] o povo, a vontade do povo e a formação da vontade política do povo – existe, é eficaz e vinculativa no âmbito de uma ordem constitucional materialmente informada pelos princípios da liberdade política, da igualdade dos cidadãos, da organização plural de interesses politicamente relevantes, e procedimentalmente dotada de instrumentos garantidores da operacionalidade prática deste princípio (CANOTILHO, 1999a, p. 286).

De sua vez, o princípio da representação popular assenta em três postulados básicos que remetem à sobredita formulação tradicional de Lincoln ("governo do povo, pelo povo, para o povo"), a saber: a) exercício de funções de domínio político em nome do povo, sendo constitucionalmente autorizado; b) legitimação de tal domínio político pela soberania popular; e c) exercício do poder para realizar os fins ou interesses do povo (CANOTILHO, 1999a, p. 286-287).

Não se cuida, entretanto, apenas do aspecto formal de representação democrática a partir da delegação da vontade do povo, mas também de uma representação materialmente democrática em que a legitimidade e a legitimação do órgão representativo se baseiam igualmente no encontro de identidades entre os cidadãos - para além das diferentes concepções políticas existentes na sociedade - e o conteúdo materialmente justo dos atos administrativos (CANOTILHO, 1999a, p. 287).

Canotilho sublinha, por esse passo, a força de três ideias que se reencontram a partir de um "momento referencial substantivo" na representação democrática, como se destaca a seguir:

> (1) representação como actuação (cuidado) no interesse de outros e, concretamente, dos cidadãos portugueses; (2) representação como disposição para responder (*responsiveness*, na terminologia norte-americana), ou seja, sensibilização e capacidade de percepção dos representantes para decidir em congruência com os desejos e necessidades dos representados, afectados e vinculados pelos actos dos representantes; (3) representação como processo dialéctico entre representantes e representados no sentido de uma realização actualizante dos momentos ou interesses universalizáveis do povo e existentes no povo (não em puras ideias de dever ser ou em valores apriorísticos) (CANOTILHO, 1999a, p. 288).

Para Miranda, é preciso deixar claro que não se trata de representação do Estado como símbolo de sua unidade ou como essência de seus órgãos institucionais, mas sim de uma

> [...] representação do povo enquanto modo de tornar o povo (ou o conjunto dos governados) presente no exercício do poder através de quem ele escolha ou de quem tenha a sua confiança. A representação política é o modo de o povo, titular do poder, agir ou reagir relativamente aos governantes (MIRANDA, 2014, p. 71-72).

Tal medida se preenche por meio de procedimentos eleitorais e atos jurídicos sucessivos concretamente voltados para essa finalidade. Digno de destaque, por ser oportuno, é o reconhecimento de que

> [...] o elemento volitivo patente na eleição habilita então a falar num mandato, na medida em que são os eleitores que, escolhendo este e não aquele candidato, aderindo a este e não àquele programa, constituindo esta e não aquela maioria de governo, dinamiza a competência constitucional dos órgãos e dão sentido à atividade dos seus titulares (MIRANDA, 2014, p. 73).

Uma vez investidos nas funções de mandatários, cabe a estes a representação de toda a coletividade e não apenas de quem as tenha designado em certo procedimento de eleição ou escolha, como se dessume, por exemplo, da regra inscrita no art. 152º, n. 2, da Constituição portuguesa, ao gizar que "os deputados representam todo o país e não os círculos por que são eleitos" (MIRANDA, 2014, p. 72).

Por sua vez, o princípio da democracia semidireta se traduz na análise dada aos procedimentos político-constitucionais que permitem maior intervenção dos cidadãos nas decisões de interesse público tomadas no âmbito do poder estatal (CANOTILHO, 1999a, p. 288).

Assim, destacam-se o referendo, enquanto "consulta feita aos eleitores sobre uma questão ou sobre um texto, através de procedimento formal regulado na lei", a iniciativa popular, "que consiste em facultar ao povo [...] a iniciativa de uma proposta tendente à adopção de uma norma constitucional ou legislativa" (CANOTILHO, 1999a, p. 288), o veto, como "instrumento político que permite aos cidadãos exigir que uma determinada lei seja submetida a voto popular", e o plebiscito, que consiste numa "pronúncia popular incidente sobre escolhas ou decisões políticas, como, por exemplo, a confiança num chefe político, a opção por uma ou outra forma de governo" (p. 289).

Filomeno (2016, p. 131) inclui ainda o *recall* entre os instrumentos de democracia semidireta, delimitando-o como mecanismo por meio do qual o representante político perde o mandato por iniciativa do povo que repreende ou desaprova seu exercício.

Canotilho (1999a, p. 290) pontua que a relevância desses instrumentos levou parcela significativa da doutrina a apontar a democracia semidireta "como uma nova dimensão da democracia dos cidadãos (*Bürgerdemokratie*)". E defende, nesse jaez, que tais instrumentos

> [...] devem considerar-se como factores de formação da vontade do povo, embora seja discutível se elas podem ser consideradas, à semelhança dos partidos, como factores de formação da vontade político-estatal. O perigo da sua transformação em esquemas plebiscitários

leva alguns autores a recusar-lhe esta última qualidade (CANOTILHO, 1999a, p. 290).

A toda evidência, o mundo ocidental enfrenta verdadeira crise nas fórmulas clássicas de democracia representativa por meio de partidos políticos, razão pela qual, gradativamente, tem-se fortalecido mecanismos de participação mais efetiva dos cidadãos para que tenham maior protagonismo na arena pública. Abellán (1992), nesse sentido, destaca a importância do art. 9º, n. 2, da Constituição espanhola ao frisar a diretriz conferida aos poderes públicos de remover os empecilhos que obstaculizam a liberdade e a igualdade dos indivíduos e grupos, bem como de otimizar a participação real e efetiva dos cidadãos na vida política, econômica, cultural e social (ABELLÁN, 1992, p. 152).

Problemas sobre essa matéria não faltam. É o que Canotilho, mais uma vez, anota ao lembrar que

> [...] Zippelius adianta também como exemplos deste impasse "representativo-partidário" as questões de financiamento dos partidos, os vencimentos dos deputados e titulares dos órgãos de cargos políticos, o domínio político-partidário dos media e da televisão. Daí o recurso a formas espontâneas de mobilização da opinião pública, as acções exemplares de publicidade crítica, a tribunais de opinião e à desobediência civil. Algumas destas formas que político-filosoficamente são consideradas pelos autores (e políticos) como "sinais" de perigo para o Estado de direito (ex.: a desobediência civil) radicam na ideia de "politização do concreto" (CANOTILHO, 1999a, p. 290).

Vê-se, aqui, a força das raízes plebiscitárias contidas, por exemplo, na República de Weimar. Em Portugal, dadas as lembranças da aprovação plebiscitária da Constituição de 1933, que inaugurou o Estado Novo, de cunho autoritário, o texto inicial da Constituição de 1976 surgiu baseado em receios acerca das possibilidades de manipulação sobre a formação da vontade do povo, motivo pelo qual houve uma nítida desconfiança em face dos instrumentos de democracia semidireta (CANOTILHO, 1999a, p. 290-291).

Só gradativamente os mecanismos de democracia semidireta passaram a ser incorporados ao texto constitucional vigente por meio de sucessivas revisões da Constituição portuguesa, "por serem considerados como equilibradores de uma estrutura política 'super-representativa' e 'superpartidária'" (CANOTILHO, 1999a, p. 291).

Nessa linha, lembra Canotilho (1999a, p. 291) que, na revisão de 1982, foi introduzido o referendo local (consultas populares directas) como previsto no art. 238º; na revisão de 1989 foi adotado o referendo político e legislativo inscrito no art. 112º; na revisão de 1997, esta última espécie de referendo foi estendida para abrir a possibilidade de os cidadãos desencadearem o instrumento referendário em níveis nacional e local, como previsto nos arts. 115º/2, 166º e 240º, respectivamente; e, ainda, na mesma revisão de 1997, foi acolhido o referendo regional incidente sobre questões de relevante interesse específico das Regiões Autónomas (art. 232º/2), bem como o referendo de instituição em concreto das regiões administrativas (art. 256º). Tais matérias foram posteriormente reguladas com mais detalhes na Lei Orgânica do Regime do Referendo – Lei n. 15-A/98, de 3 de abril.

No Brasil, importa notar, o texto constitucional contempla expressamente os mecanismos de democracia semidireta, a saber, o plebiscito, o referendo e a iniciativa popular, como inscrito no suso citado art. 14 da Constituição de 1988, sendo tal matéria regulamentada na Lei Federal n. 9.709/98.

Frise-se, de antemão, que nem o sistema constitucional português de 1976 nem o sistema constitucional brasileiro de 1988 contemplaram a possibilidade de destituição de governos por meio de mecanismos de democracia semidireta, havendo, por outro lado, mecanismos institucionais próprios de diferentes matizes para tal fim a serem observados adiante.

Nada obstante, a Constituição portuguesa assinalou a importância de o Estado "assegurar e incentivar a participação democrática dos cidadãos na resolução dos problemas nacionais", à vista do art. 9º/c, assim como a Constituição brasileira sublinhou a possibilidade de exercício da soberania popular, centrada, também, na participação direta dos cidadãos, como previsto no art. 1º, inciso II e parágrafo único. Tem-se, nessa trilha, a ênfase dada ao princípio da participação política como elemento de concretização constitucional do princípio democrático (CANOTILHO, 1999a, p. 293).

1.2.3 As eleições e o princípio da maioria

Segundo Ribeiro (1996, p. 11), o sufrágio popular consiste numa técnica singular de preenchimento de cargos políticos própria do sistema representativo, que pressupõe períodos certos de alternância no gozo dos mandatos. Subsiste, pois, de um lado, a eletividade expressa no voto, e, do outro, como fruto da disputa eleitoral, o direito à investidura daqueles que receberam a maioria da adesão dos votantes.

Assim, Miranda (2014, p. 11) esclarece que,

> [...] se o sufrágio é o modo específico de participação política, a maioria é o critério de decisão - de decisão quer do conjunto dos cidadãos nas eleições e no referendo, quer dos órgãos do Estado de natureza colegial. Governo representativo é o governo de maioria.

Sem dúvida, uma ideia de unanimidade na formação da vontade do povo deriva de mera abstração completamente dissociada do plano concreto. Com efeito, no recurso ao voto há a inequívoca percepção da existência de divergências sobre os problemas reais, sendo curial a separação dos votantes, dos candidatos e ideias vencedores e dos candidatos e ideias derrotados (RIBEIRO, 1996, p. 39).

Schumpeter (2017, p. 341) se contrapõe, categoricamente, à ideia abstrata da existência de "um bem comum univocamente determinado a respeito do qual todos os homens concordem ou possam ser levados a concordar por força de uma argumentação racional". Para ele, "o bem comum está fadado a significar coisas diversas" (p. 341), dado que as vontades individuais estão sempre muito divididas numa sociedade cada vez mais complexa. Torna-se inevitável, assim, a ideia de competição.

A adoção do critério da maioria é fruto da necessidade de uma técnica decisória para solução pacífica das divergências e dos conflitos no contexto democrático, tendo por esteio um conteúdo marcadamente axiológico, a partir dos princípios da igualdade e da liberdade (MIRANDA, 2014, p. 87).

Por um lado, Miranda (2014, p. 87), numa linha que remonta a Rousseau, o critério da maioria é justo na medida em que "todos os cidadãos têm os mesmos direitos e devem ter o mesmo grau de participação na vida colectiva [...]; a vontade do maior número entre iguais converte-se em vontade geral; e esta fica sendo a vontade do Estado". De outro, em sintonia com o princípio da liberdade (lastreado em Kelsen), entende que a "maioria resulta da autodeterminação dos membros da comunidade política; qualquer decisão imposta deve ser reduzida ao mínimo; tendo de haver ordem social, esta não pode estar em contradição senão com a vontade do menor número possível de indivíduos".

Miranda (2014, p. 87) sintetiza, então, o enlace do conteúdo axiológico na imperatividade de uma igualdade livre ou de uma liberdade igual para todos. Por esse caminho de impregnação valorativa, Campilongo (1997, p. 114) entende que são objetivos da regra da maioria tanto guardar identidade entre governantes e governados quanto legitimar as decisões tomadas coletivamente.

Importa realçar que a formação da maioria política não é fonte de verdade incontestável, havendo que se admitir que as minorias políticas são sempre contingentes e variáveis. Assim, há que se observar sempre uma necessária dialética entre maioria e minoria, "sendo a maioria de hoje a minoria de amanhã e a minoria de hoje a maioria de amanhã" (MIRANDA, 2014, p. 88-89).

Otero (2001, p. 172) adverte, nessa via, para os riscos de uma "divinização do princípio maioritário, elevado à categoria de fonte de verdade expressa na lei", haja vista a possibilidade de "instauração de um totalitarismo democraticamente legitimado: a democracia converter-se-á então numa 'palavra vazia', originando um modelo paradoxal de democracia antidemocrática".

As decisões tomadas no bojo de uma maioria política, portanto, devem ser necessariamente limitadas seja pelo critério formal ou procedimental - como competência para decidir, convocação da eleição, igualdade de todos os cidadãos participantes, liberdade de discussão e de voto, pessoalidade do voto, simultaneidade da votação, apuração lícita dos resultados e periodicidade –, seja pelo critério material ou orgânico, por definir a observância das cláusulas e regras de controle contramajoritário provenientes do rol dos direitos fundamentais e da própria democracia representativa como o pluralismo político e a possibilidade de alternâncias e de alternativas (MIRANDA, 2014, p. 88-89).

Qualquer vontade da maioria, logo, só vale se constituída com respeito pleno e integral às respectivas normas constitucionais, legais, estatutárias e regimentais que lhe dão sustentação nos planos formal e material (MIRANDA, 2014, p. 89).

Assim, cabe a assertiva de Otero, mais uma vez, de que "a democracia não vale por si própria, antes encontrando nos valores que interioriza o fundamento de sua validade", razão pela qual "o respeito pela inviolabilidade da vida humana constitui o seu primeiro fundamento e a sua principal garantia: 'não pode haver verdadeira democracia se não é reconhecida a dignidade de cada pessoa e não se respeitam os seus direitos'" (2001, p. 174).

Uma das funcionalidades mais correntes das eleições, hoje, consiste exatamente na escolha de governos legítimos em cada Estado nação. Nessa medida, Schumpeter (2017, p. 366) entende que "o papel do povo é criar um governo ou qualquer outro organismo intermediário, que, por sua vez, criará um executivo nacional ou governo". E chega à sua definição própria de que "o método democrático é o sistema institucional para chegar a decisões políticas, no qual os indivíduos adquirem o poder de decidir por meio de uma luta competitiva pelo voto do povo".

Ao explicar mais detalhadamente tal definição, Schumpeter afirma que:

> [...] deve-se observar que, ao tornar a função de criar um governo (diretamente ou por meio de um organismo intermediário) a principal função do eleitorado, era minha intenção incluir nesta frase também a função de o afastar. Uma significa simplesmente a aceitação de um líder ou de um grupo de líderes, a outra significa simplesmente a retirada dessa aceitação. Isso leva em consideração um elemento que talvez tenha escapado ao leitor. Ele pode ter pensado que o eleitorado não só instala o governo no poder, como também o fiscaliza. Mas, como os eleitorados normalmente não fiscalizam os seus líderes políticos de modo algum, a não ser recusando-se a reelege-los ou negando-se a reeleger as maiorias parlamentares que os apoiam, convém reduzir as nossas ideias sobre essa fiscalização aos meios indicados pela nossa definição. Ocasionalmente, verificam-se sublevações espontâneas que derrubam diretamente um governo ou um ministro individual, ou então os obrigam a seguir determinada linha de ação. Mas, além de excepcionais, esses casos são, como veremos, contrários ao espírito do modelo democrático (SCHUMPETER, 2017, p. 369).

Nesse rumo, se o princípio da democracia significa que a direção do governo deve ser atribuída àqueles que amealham mais apoio que qualquer um dos indivíduos ou equipes que participam da disputa (SCHUMPETER, 2017, p. 370), então, de outra banda, pode-se depreender que aquela maioria inicial expressada no dia das eleições pode se desintegrar no percurso do mandato, à vista do poder de fiscalização do eleitorado, sendo possível o afastamento e a destituição do governo, outrora eleito mediante expressão legítima de uma nova maioria formada e manifestada nas ruas e nas urnas.

Para Teixeira (2018, p. 39), a visão de democracia esposada por Schumpeter é estreita por olvidar o fato de que até países que utilizam correntemente mecanismos eleitorais podem não ser suficientemente livres diante da possibilidade de coexistirem graves distorções na aplicação da doutrina da separação dos poderes.

De toda sorte, o que se realça por ora é que a principal função do voto é constituir e escolher um governo (SCHUMPETER, 2017, p. 371). No contexto nacional, tal atribuição se desenlaça de diferentes formas a depender do sistema político de governo adotado em cada Constituição.

1.2.4 Escolha dos governos e seus respectivos sistemas: presidencialista, parlamentarista e semipresidencialista

Canotilho (1999a, p. 533) anota que os critérios tradicionais para identificar uma tipologia das formas de governo ou dos sistemas políticos encontram, cada vez mais, dificuldades por suas limitações ontológicas diante das mudanças transcorridas nos últimos tempos. Assim, critérios como a divisão dos poderes ou o vínculo de controle e responsabilidade, a partir da relação de confiança entre parlamento e governo, são insuficientes por não abarcarem as complexidades de organização atualmente existentes.

Mais recentemente, ganha força outro critério de classificação nas análises políticas e jurídicas, que se baseia no papel do presidente da república no funcionamento das instituições, destacando-se seu modo de eleição e seu papel político. Sem embargo disso, há ainda o cruzamento desse novel critério com o critério clássico da confiança para distinguir as formas de governo e os sistemas políticos possíveis (CANOTILHO, 1999a, p. 534).

Para Canotilho,

> [...] um regime ou forma de governo pode ser parlamentar, mas o sistema é *governamentalista*, ou seja, há uma maioria estável que governa sob a direção do seu chefe, o primeiro-ministro (daí que se fale aqui, por vezes, de sistema "primo-ministerialista"). No sistema presidencialista que pode assentar numa forma de governo presidencial ou numa forma de governo mista presidencial-parlamentar, o governo é dirigido pelo presidente da República diretamente eleito. No sistema parlamentarista, um governo de minoria ou de coligação instável articula-se com uma forma de governo parlamentar ou presidencial em que há um decisivo esquema fiduciário no parlamento (CANOTILHO, 1999a, p. 535).

Como dito, as normas de organização e funcionamento do Estado inscritas na Constituição estabelecem as bases fundantes de um sistema político, regulando o posicionamento institucional entre os órgãos de soberania que exercem função política, notadamente o Executivo e o Legislativo (MORAIS, 2018, p. 233).

Em linhas gerais, segundo Morais (2018, p. 230), os sistemas presidencialistas são marcados pela conquista de legitimidade por meio do voto popular conferido ao Presidente da República, resultando numa coincidência entre a chefia do governo e a chefia do Estado. Subsiste, então, uma autêntica independência política e funcional entre o presidente e o parlamento, sem prejuízo da incidência de controles recíprocos.

Pasquino demonstra, ainda, que

> [...] o presidente não pode dissolver o congresso e este, por sua vez, não pode retirar-lhe a sua confiança nem substituí-lo. Pode, sim (embora essa seja uma medida extrema e raríssima), pôr em causa a sua continuação no cargo por violação da Constituição (*impeachment*). De tal forma que a presidência e o congresso são verdadeiramente instituições separadas (PASQUINO, 2010, p. 277).

De sua vez, os sistemas parlamentaristas têm a fonte de legitimação ou investidura do governo num parlamento democraticamente eleito. Cabe a este a responsabilidade política e a subsistência em funções diretivas, deixando-se o Chefe de Estado sem exercer poderes, independentes de direção e controle político sobre as demais instituições (MORAIS, 2018, p. 228). Ou, para ser mais preciso "o fulcro do poder assente na relação fiduciária entre Parlamento e Governo, pautada por controlos recíprocos, mas com dependência do segundo em relação ao primeiro, no sentido de que o Governo: emana do Parlamento; é por este direta ou indiretamente confirmado em funções com base num voto de investidura, de confiança ou de não desconfiança por parte de uma maioria de deputados" (p. 228). Morais giza ainda que,

> [...] assentando o parlamentarismo, fundamentalmente, no binômio Parlamento/Governo, o primeiro órgão

> obtém sua legitimação direta na vontade popular expressa eleitoralmente. Tal circunstância confere-lhe, na qualidade de assembleia representativa do povo, o "status" de fonte primária de poder que lhe permite não só designar outros órgãos soberanos, como também tornar o Governo politicamente responsável apenas perante ele (MORAIS, 2018, p. 229).

Segundo políticos e constitucionalistas, como anotado por Pasquino (2010, p. 283), há importantes vantagens seja do ponto de vista representativo, seja do ponto de vista da flexibilidade no controle das ações governamentais sobre outras formas de governo. Entretanto, pairam riscos de maior instabilidade governativa, o que invoca, necessariamente, a adoção de mecanismos de estabilização.

Quanto ao semipresidencialismo, para Morais trata-se

> [...] de um sistema híbrido ou misto em que o Governo encabeçado por um primeiro-ministro é duplamente responsável, no plano institucional ou político, perante o Parlamento e perante o Presidente eleito por sufrágio universal que dispõe da faculdade de exercer poderes com alguma relevância em nível de controlo ou até de direção interinstitucional, destacando-se nestes a competência livre ou autónoma para dissolver o Parlamento (MORAIS, 2018, p. 31).

Cabe notar que no semipresidencialismo, conforme Pasquino,

> [...] o presidente da República é eleito diretamente pelos cidadãos e não pode ser derrubado nem substituído

> pelo parlamento, salvo no caso de *impeachment*. No entanto, não é ele o titular exclusivo do poder executivo, pois compartilha-o com o primeiro-ministro, em determinadas circunstâncias e em certas matérias. O primeiro-ministro é nomeado pelo presidente da República, mas tem de recolher, se não a confiança, pelo menos a ausência de censura do parlamento. Em conclusão, o primeiro-ministro é duplamente responsável: em relação ao presidente da República e perante o parlamento (PASQUINO, 2010, p. 280).

Além da previsão constitucional para identificar cada sistema político de escolha e relação entre parlamento e governo, é oportuno também perquirir o funcionamento operado na realidade cotidiana do mundo político, sendo comum a ocorrência de desdobramentos e subespécies em cada um daqueles sistemas políticos (MORAIS, 2018, p. 235).

García (1989, p. 122), por exemplo, tratando especialmente da vida política espanhola, pontua que a idade de ouro do parlamentarismo teria ficado para trás à vista tanto da força dos grupos de pressão que se recusam, cada vez mais, a serem representados por partidos políticos quanto da progressiva pujança dos executivos e dos órgãos de Administração, reduzindo os parlamentos a aparelhos de registro das decisões tomadas por outros atores em outros cenários.

No Brasil, segundo Morais, aponta-se corriqueiramente nos dias de hoje a existência de um presidencialismo de coalizão,

> [...] em que a separação de poderes entre Legislativo e Executivo é mais atenuada, pois o Presidente dispõe de

> poderes reforçados, seja na articulação de alianças parlamentares para obter uma maioria de apoio no Congresso, seja na faculdade de emitir legislação transitória sobre matérias de competência parlamentar (medidas provisórias (MORAIS, 2018, p. 231).

De outra face, em Portugal, vislumbra-se um modelo semipresidencialista marcado por

> [...] um pensamento maioritário sedimentado no espaço público e consolidado pela prática institucional, desde o início da década de noventa, segundo o qual, o poder de dissolução parlamentar pelo Presidente, fora de um contexto de consenso interpartidário, é reservado para atalhar apenas a situações sérias de impasse e crise política (MORAIS, 2018, p. 236).

Tem-se, pois, um peso maior parlamentar no sistema semipresidencial português, destoando de outros modelos semipresidenciais de maior predomínio presidencial, à luz da prática política consolidada no espaço público desse país lusitano (MORAIS, 2018, p. 237).

Deflui-se, de toda sorte, que é no sistema presidencialista que o voto do eleitorado escolhe governos diretamente por meio do sufrágio universal, havendo uma relação mais próxima entre povo e liderança eleita. Enquanto isso, nos sistemas parlamentaristas e semipresidencialistas, os governos são eleitos por meio de um órgão intermediário – o parlamento, que recebe a função de constituir governo, incluindo o primeiro-ministro e demais membros do ministério de função executiva, travando-se a relação de fidúcia do governo com os representantes eleitos do povo (SCHUMPETER, 2017, p. 372-372).

Capítulo 2

GOVERNAMENTALIDADE, QUALIDADE DA DEMOCRACIA E EXERCÍCIO DE GOVERNO

Em tempos antigos, cabia ao homem a aptidão inata de conviver em comunidade com o dever de assegurar, exclusivamente, a subsistência grupal ou individual, donde se verifica o espaço privilegiado da família como esfera privada no cumprimento de tal mister (FERRAZ JUNIOR, 2007, p. 422).

No espaço público, por sua vez, o homem se reunia para as deliberações comuns e para o agir em conjunto. A partir dos contratualistas, notadamente Hobbes, o que se verifica é uma mudança de perspectiva, na medida em que o Estado passa a ser responsável pela subsistência, pela ordem pública e pela segurança dos súditos, autoconferindo uma responsabilidade que, na idade antiga, competia ao poder familiar (FERRAZ JUNIOR, 2007, p. 422).

Foucault (1979, p. 287-288) pontua que a ocorrência de processos gerais como a expansão demográfica do século

XVII, a existência de abundância monetária e o aumento da produção agrícola permitiu o desbloqueio da arte de governar a partir do advento de questões próprias de uma dimensão populacional.

Surge, assim, o que Ferraz Junior (2007, p. 422) classifica como "um novo contorno do poder político: o Estado como um todo responsável pela sobrevivência. Como os indivíduos que compõem a comunidade, pelos próprios afazeres, não podem ter esse cuidado, então ocorre essa delegação ao 'homem artificial'".

Essa conformação acima referida - que caracteriza o Estado Moderno - nasce de uma nova compreensão do poder político, sendo a primeira na perspectiva jurídica, de elaboração e observância estrita da legalidade emanada do Estado, e a outra derivada de uma visão econômica com fulcro na ideia de gestão da coisa pública por meio de um governo preocupado com a arte de bem governar (FERRAZ JUNIOR, 2007, p. 422-423).

Com efeito, diz Foucault (1979, p. 287-288) que parece absolutamente fundamental a transfiguração da família como padrão para um nível de instrumentalização, o que se dá a partir da metade do século XVIII em face do crescimento da população e da quantificação de seus fenómenos singulares pelo uso da estatística.

Tem-se, assim, a defesa da saúde e da sorte da população como objetivo final do governo, sendo realizado por meio de campanhas e técnicas governamentais. Segundo Foucault,

> [...] a população aparece como sujeito de necessidades, de aspirações, mas também como objeto nas mãos do governo; como consciente, frente ao governo, daquilo que ela quer e inconsciente em relação àquilo que se

> quer que ela faça. O interesse individual - como consciência de cada indivíduo constituinte da população - e o interesse geral - como interesse da população, quaisquer que sejam os interesses e as aspirações individuais daqueles que as compõem - constituem o alvo e o instrumento fundamental do governo da população. Nascimento, portanto de uma arte ou, em todo caso, de táticas e técnicas absolutamente novas (FOUCAULT, 1979, p. 289).

Tal posição relativamente ambígua da população perante o governo exige o desenvolvimento de técnicas e estratégias cada vez mais complexas sobre o ato de governar, fazendo daí florescer não apenas uma arte, mas sim uma ciência política fundada na economia (FERRAZ JUNIOR, 2007, p. 425).

Tomadas numa outra perspectiva mais abrangente, e não mais atomizada, as famílias passam a constituir-se como problemas de importância para a coletividade (FERRAZ JUNIOR, 2007, p. 425), que desafiarão novas medidas de gestão governamental. Nesse viés, adquire relevo

> [...] um conjunto constituído por instituições, procedimentos, análises, reflexões que permitem exercer essa nova forma de poder soberano que tem por alvo a população, por forma principal de saber a economia política, e por instrumentos técnicos os dispositivos jurídicos de segurança e organização, sendo assim chamado de "governamentalidade" (FERRAZ JUNIOR, 2007, p. 425).

Por "governamentalidades", Foucault denomina expressamente que

> [...] são as táticas de governo que permitem definir a cada instante o que deve ou não competir ao Estado, o que é público ou privado, o que é ou não estatal, etc.; portanto o Estado, em sua sobrevivência e em seus limites, deve ser compreendido a partir das táticas gerais da "governamentalidade" (FOUCAULT, 1979, p. 292).

Na doutrina constitucional, Canotilho (1999a, p. 594) afirma ser "governo" uma palavra plurissignificativa numa perspectiva orgânica, reconhecendo ora competências de direção política, ora competências que se identificam com funções marcadamente executivas (e não legislativas e jurisdicionais), ora competências típicas de órgão constitucional de soberania para conduzir a política geral do país e superintender na administração pública, ou seja, para exercer a função de governar, almejando as finalidades do serviço público.

A propósito, Gordillo (2003b, p. VI-34/VI-35) relembra que o objeto do serviço público seria exatamente satisfazer as necessidades coletivas enquanto soma das necessidades individuais, sem pressupor que, obrigatoriamente, todos os indivíduos da sociedade as tenham, mas que uma maioria deles as apresente, exigindo uma prestação geral sem discriminação de qualquer espécie, conforme previsão normativa constitucional e infraconstitucional.

Fixada tal premissa, oportuno investigar como se realiza o direito de bom exercício das "governamentalidades", isto é, o direito a uma boa gestão pública no contexto de um Estado de direito democrático que abarque também a dimensão substancial.

2.1 DEVERES ADMINISTRATIVOS PRESTACIONAIS, PARTICIPAÇÃO CIDADÃ E BOM GOVERNO

Perquirir as condições de uma boa "governamentalidade" implica verificar as contribuições possíveis no âmbito do direito administrativo, que se ergueu em um novo contexto histórico de maior complexidade.

De efeito, a partir das revoluções liberais do século XVIII, a defesa de valores como a liberdade e a propriedade do indivíduo assumiu lugar de destaque no desenvolvimento de técnicas e instrumentos jurídico-administrativos em face de eventuais agressões provenientes do próprio aparelho estatal (ENTERRÍA; FERNÁNDEZ, 1990, p. 788). Foi, sem sombra de dúvida, a marca de uma época que buscava - e ainda busca - frear os excessos e abusos de poder.

Posteriormente, no decorrer da história, sabe-se que àqueles valores outras necessidades de proteção foram se agregando, a partir da percepção de

> [...] absoluta impotência do indivíduo isolado para prover, com suas próprias forças, as suas múltiplas carências e correlativamente, da não menos imperiosa necessidade de uma atividade dos entes públicos para suprir aquelas e garantir ao cidadão uma assistência vital efetiva capaz de assegurar sua subsistência a um nível minimante razoável (ENTERRÍA; FERNÁNDEZ, 1990, p. 788).

Nesse cenário, o papel do direito público foi gradativamente se estendendo para envolver não somente a proteção da liberdade e da propriedade individuais, mas também a defesa dos substratos materiais de dignidade humana, proporcionando as condições para o cidadão gozar plenamente de um direito subjetivo a prestações positivas do Estado (ENTERRÍA; FERNÁNDEZ, 1990, p. 789). Tal desafio se encontra posto até os dias de hoje, tanto no aspecto político quanto no aspecto jurídico.

Sob essa ótica, Aragão (2008, p. 132) demonstra que a Constituição brasileira de 1988 não é absenteísta, porquanto inseriu uma gama de prestações necessárias a promover o desenvolvimento econômico e social da coletividade, esteadas, especialmente, no princípio da dignidade da pessoa humana e na redução das desigualdades sociais e regionais, conforme os arts. 1º e 3º, incisos I a III, da CF/88.

Em igual sentido, pode-se dizer o mesmo diante do texto constitucional português ao sabor das inscrições dispostas nos arts. 1º e 81º, "a" e "b", da CR/76, que delineiam deveres marcadamente prestacionais ao Estado.

Eduardo Enterría e Fernández destacam que

> [...] os textos constitucionais não são parcos em declarações relativas a prestações administrativas aos cidadãos, porém, tais declarações costumam carecer da precisão necessária para servir de base a um compromisso efetivo, possibilitando uma atitude de exigência do cidadão frente à Administração (ENTERRÍA; FERNÁNDEZ, 1990, p. 789-790).

E prosseguem ao dizer que

> [...] sobre a Administração pesam, pois, deveres genéricos, não verdadeiras obrigações em sentido estrito,

> deveres para cujo cumprimento se entende que goza de ampla discricionariedade. Correlativamente, ao administrado não se lhe reconhece como titular de um direito, senão ao sumo, uma posição de interesse debilmente protegida (ENTERRÍA, FERNÁNDEZ, 1990, p. 790).

Além desse aspecto, avançam dificuldades não apenas organizativas, mas também financeiras e orçamentárias de efetivação de um conjunto complexo de direitos fundamentais sociais em comunidades cada vez mais abertas, com interesses e direitos diversificados, e em quantidades gradativamente maiores.

A questão que se coloca neste momento, então, diz respeito aos mecanismos de que o cidadão dispõe para se proteger das deficiências de organização e de eficiência prestacional do Estado (ENTERRÍA, FERNÁNDEZ, 1990, p. 790). Nessa linha, como advertem Enterría e Fernández:

> A vida diária oferece continuamente exemplos desta radical indefesa material dos cidadãos ante a falta de escolas, de áreas verdes, de serviços urbanísticos mínimos, de sinalizações de tráfego, de água potável, etc., cujas demandas, às vezes violentas, à falta de elementos praticáveis e efetivos, terminam resolvendo-se com frequência no terreno da ordem pública, sendo como são problemas próprios da atividade prestacional da Administração (ENTERRÍA-FERNÁNDEZ, 1990, p. 797).

Para tal gama de preocupações não há respostas prontas e perfeitas. Já se sabe, por exemplo, que a imposição de responsabilidade civil do Estado, assegurando direito a verbas indenizatórias às pessoas diretamente afetadas, é uma resposta importante, mas evidentemente insuficiente para garantir a proteção social necessária ao cidadão no contexto hodierno. Lançam-se luzes, então, ao tema da participação dos administrados como elemento integrante do catálogo dos direitos fundamentais seja diretamente, seja por intermédio de representantes eleitos a envolver tanto a esfera política quanto a administrativa como titulares do interesse geral, adquirindo maior relevância e novas técnicas no Estado de direito democrático (ENTERRÍA, FERNÁNDEZ, 1990, p. 799).

Nessa medida, Enterría e Fernández pontuam que:

> Contribui para isto, por uma parte, a consciência da necessidade de uma interiorização (ou acercamento, ao menos) do poder na sociedade, substituindo a antiga separação entre sociedade e Estado, que foi base da construção liberal, por uma "osmose" recíproca (Forthoff). Em segundo termo, e como um desenvolvimento do anterior, a exigência de "desalienar" o poder, de romper o segredo e, com ele, a autonomia burocrática, de lutar contra o risco imenso que o governo por burocratas supõe para nosso tempo, de extrair à luz a *Arkanverwaltung*, os *arcana principis*, onde se rompe a "identidade entre governantes e governados", que é o grande dogma democrático e social contemporâneo. Finalmente, a conveniência, como técnica elementar de eficiência, de complementar, se não substituir, a tradição da Administração autoritária como uma Administração "participada" ou ajustada. Neste sentido, a ideia de uma participação dos administrados, nos processos de decisão, parece capaz não só de diminuir as disfunções organizacionais e burocráticas, senão, também, de obter um novo *consensus*, uma legitimidade nova (Chevalier) que permita superar a crise atual do mando

> autoritário, generalizada a todas as esferas; constitui, assim, a ideologia participativa um verdadeiro contraponto ao desenvolvimento crescente dos sistemas burocráticos (ENTERRÍA; FERNÁNDEZ, 1990, p. 800).

Torna-se crucial, assim, o exercício dos direitos de participação cidadã em todas as esferas, produzindo juízos críticos e colaborativos para o alcance das finalidades do Estado prestacional. Importa, por isso mesmo, equacionar um dilema próprio do sistema democrático na combinação entre quantidade de participação e qualidade das decisões na conquista de um bom governo (ABELLÁN, 1992, p. 153).

Mas o que seria de fato um bom governo? A essa indagação, Bobbio (2000, p. 205) anota que talvez seja uma das questões mais difíceis da história do pensamento político de todos os tempos.

Nada obstante, é possível enveredar por alguns caminhos luminosos. Um deles aponta para o exercício de três juízos associados à percepção da ética no exercício da atividade política com vistas à realização do interesse coletivo ou geral. Trata-se, pois, da importância de serem buscadas respostas acerca de dois problemas distintos relacionados à idoneidade dos meios e da legitimidade do fim na ação política por parte dos detentores do poder (BOBBIO, 2000, p. 200-220).

De tal arte, Bobbio (2000, p. 203) aponta para a realização de três juízos críticos sobre a ação política, denominados de juízo da eficiência, juízo moral ou de moral política e juízo da legitimidade.

O primeiro deles – juízo da eficiência – relaciona-se a um juízo técnico, e não propriamente moral, sobre a idoneidade dos meios na ação política sem que implique, necessariamente, a superveniência de um bom governo (BOBBIO, 2000, p. 201).

De outra banda, quanto ao juízo propriamente moral, preocupa-se com a identificação de um fim da ação política que seja adequado à realização dos interesses da coletividade. Trata-se, por conseguinte, da distinção entre um fim bom e um fim mau para ser possível distinguir-se a ação política para a consecução de fins bons e de fins maus (BOBBIO, 2000, p. 202).

Nesse juízo moral, que não se confunde com a moral comum balizadora da ação das pessoas isoladamente, encontra-se frequentemente o enlace no debate público com a questão da corrupção política, na gestão das coisas de interesse do Estado, sendo também sancionado, de regra, na legislação penal, em diversos tipos, como peculato, concussão, emprego irregular de verbas públicas, prevaricação, corrupção ativa e passiva, entre outros (BOBBIO, 2000, p. 202).

Para Bobbio,

> [...] o que torna moralmente ilícita toda forma de corrupção política (deixando de lado o ilícito jurídico) é a fundamentalíssima presunção de que o homem político que se deixa corromper colocou o interesse individual à frente do interesse coletivo, o bem próprio à frente do bem comum, a saúde da própria pessoa e da própria família à frente da saúde da pátria (BOBBIO, 2000, p. 202).

Em derradeiro, há o juízo de legitimidade da ação, que se identifica com um aspecto mais jurídico propriamente dito, de maneira que haja plena conformidade entre as práticas políticas e as normas fundamentais da Constituição e os princípios do Estado de direito. Cuida-se, aqui, da acepção que define o Estado de direito como o governo das leis, em oposição ao governo da vontade dos homens, na linha do constitucionalismo moderno (BOBBIO, 2000, p. 203).

Diante de tais juízos, e após discorrer sobre os pensadores clássicos, Bobbio (2000, p. 206) sinaliza a prevalência de dois critérios principais para diferenciar um bom governo de um mau governo. Em primeiro lugar, aponta o critério da compatibilidade entre o exercício do poder e a fiel observância às leis preestabelecidas. E, em segundo, anota a diretriz perseguida pelo governante no uso do poder, ou seja, se ele persegue o bem comum ou o bem próprio.

Fato reconhecido pelo próprio Bobbio é que os dois sobreditos critérios se relacionam na medida em que

> [...] o governo das leis é bom se as leis forem boas, e são boas as leis que visam ao bem comum. Por outro lado, o melhor modo, mais seguro, que o governante tem de perseguir o bem comum é seguindo as leis que não têm paixões ou fazendo ele mesmo boas leis. No entanto, convém mantê-las distintas porque os escritores acentuam ora uma, ora outra, e esse distinto acento permite diferenciar correntes ou direções diferentes do pensamento político (BOBBIO, 2000, p. 207-208).

Especialmente a partir do século XX, as categorias bom governo e mau governo foram gradativamente substituídas pelo debate entre governo mínimo e governo máximo (BOBBIO, 2000, p. 214).

Assim, discorre Bobbio (2000, p. 214) que "o bom governo tornou-se cada vez mais o governo máximo, aquele que deve ocupar-se do bem-estar dos seus cidadãos e deve não apenas administrar a justiça, mas também subministrá-la, isto é, ter um princípio ou critério de justiça distributiva próprio com o objetivo de equiparar as fortunas ou ao menos redistribuí-las, e mau governo cada vez mais passou a ser considerado o Estado que deixa fazer e deixa passar". Governo máximo, então, implicaria um aparato estatal progressivamente grande. De outro lado, para os partidários do governo mínimo, mau governo seria o governo que buscasse governar em demasia, sendo mister a redução do tamanho do Estado (BOBBIO, 2000, p. 213-214).

Tal perspectiva de associar a efetividade dos governos ao seu tamanho, o que seria até mesmo um elemento definidor do grau de corrupção governamental, revela-se já razoavelmente ultrapassada. Nesse sentido, a partir de evidências empíricas, Giné (2017, p. 49) pontua que os países com menor nível de corrupção têm governos maiores que os mais corruptos, enquanto os países com melhores governos do mundo arrecadam em média quantitativamente mais que os países mais corruptos.

Sobre essa matéria, em realidade, há atualmente um consenso mais bem delineado no sentido de que bom governo é aquele que age de maneira eficiente e sem discriminações, aplicando a lei de modo imparcial e atuando com vocação inclusiva. Ao revés, o mau governo é aquele que atua de modo parcial na consecução de interesses particulares, com afastamento dos amplos setores da sociedade (GINÉ, 2017, p. 50). Logo, inadequado confundir governo efetivo com governo grande ou pequeno.

Em tempos mais recentes, segundo Bobbio (2000, p. 214), houve ainda nova mudança de nomenclaturas, distinguindo-se entre governabilidade e ingovernabilidade a partir da capacidade de o sistema político dar respostas a questões sociais, cada vez mais, diversificadas e complexas.

A essa antítese sobrepõe-se outra ainda mais dramática, na visão de Bobbio (2000, p. 214-215), que opõe governo e não governo, de modo que, se no passado um mau governo estava associado a um excesso ou abuso de poder, atualmente se associa à ausência de governo pela escassez de instrumentos de gestão no poder ou pelo não uso das ferramentas de poder postas à disposição do gestor político.

É possível vislumbrar tais situações, por exemplo, na força de instâncias supranacionais típicas da globalização econômica ou, por outro viés, na organização de facções que ameaçam a paz e a segurança públicas e permitem iniciativas "administrativas" paralelas ao Estado - e até eventualmente contra seu aparato - em espaços extralegais ou de legalidade atenuada no cotidiano da regulação social (CAMPILONGO, 1997, p. 114).

De todo modo, entre o arcabouço jurídico, político e filosófico encartado, de maneira direta ou indireta, nos textos dirigentes das Constituições e todo o aparato de soberania estatal erigido para garantir a ordem e a paz indispensáveis para a aplicação das regras do Estado de direito, encontra-se a necessidade - praticamente imperiosa - de um alinhamento não unânime, mas hegemônico, entre a participação dos cidadãos na definição dos rumos a serem perseguidos no interesse da coletividade e o papel a ser cumprido pelos governos eleitos democraticamente mediante sufrágio universal.

Canotilho (1999b, p. 76), oportuno relembrar, diz que se pode "afirmar que o Estado de direito ou é Estado de direito democrático e social ou será um Estado de legalidade, reduzido a um esqueleto constituído por princípios e regras formais". Por isso, os deveres administrativos prestacionais anotados na Constituição e nas leis esparsas se vinculam, de forma inquebrantável, ao exercício do direito de participação cidadã pelo povo enquanto titular da soberania e aos detentores do poder governamental encarregados de erigirem um bom governo para realização das prioridades, escolhidas democraticamente.

Costa (2014, p. 155), por seu turno, lembra que a ideia de boa governança está vinculada ao direito a uma boa administração como estabelecido na Carta dos Direitos Fundamentais da União Europeia (Art. 41º).

Nesse sentido, após discorrer sobre algumas teorias do Estado administração, Costa (2014, p. 170) pontua aspectos relevantes da teoria do novo serviço público, que devem estar centrados na valorização da dignidade do serviço público, no enaltecimento da democracia, da cidadania, da ética e do interesse público focado na dimensão humana, e não em indicadores de metas e produtividades, oportunizando espaços de diálogo, participação e inclusão para promover a confiança e a responsabilidade.

Associa-se, por ser relevante, essa dimensão do dever ser da administração pública à ideia de um Estado substantivamente responsável, sendo de interesse da nova ciência do direito constitucional[1] as investigações acerca do princípio da condução responsável dos assuntos do Estado (CANOTILHO, 2008, p. 328-329).

Para tanto, Canotilho sistematiza os liames do seguinte modo:

> 1. Aprofundamento do contexto político, institucional e constitucional, através da avaliação permanente do respeito pelos direitos humanos, dos princípios democráticos e do Estado de Direito; 2. centralidade do princípio do desenvolvimento sustentável e equitativo que pressupõe uma gestão transparente e responsável dos recursos humanos, naturais, económicos e financeiros ("boa governação"); 3. recorte rigoroso dos esquemas

[1] Costa destaca os arts. 1º, 2º, 9º, 81º, 103º, 107º e 266º como fundamento jurídico-positivado do princípio da boa governança (COSTA, 2014, p. 208).

> procedimentais e organizativos da boa governação, designadamente i. – processos de decisão claros em nível das autoridades públicas; ii. – instituições transparentes e responsáveis; iii. – primado do direito na gestão dos recursos; iv. – reforço das capacidades, no que diz respeito à elaboração e aplicação de medidas especificamente destinadas a prevenir e a combater a corrupção (CANOTILHO, 2008, p. 329).

Sublinha-se, na letra de Canotilho (2008, p. 332), que a noção de *good governance* não se restringe a aspectos formais de alocação de recursos e de boas condutas orçamentárias ou fiscais. Indo além, a boa governança não pode desprezar os direitos fundamentais como pré-requisito básico de qualquer boa governação, nem os princípios basilares da democracia e do Estado de direito.

Por essa vereda é que Costa (2014, p. 199) afirma que "a ideia de Estado responsável é aquela que melhor traduz as dimensões de boa governança que têm vindo a ser reconhecidas quer por diversas instâncias internacionais – designadamente, pelas Nações Unidas e pela União Europeia – quer pela doutrina".

Ao buscar uma perspectiva conceitual acerca do Estado responsável, Costa o identifica

> [...] como um Estado que, para além de postular a boa gestão pública, do ponto de vista técnico, atendendo a critérios de economia, eficiência e eficácia, valoriza a lisura da atuação administrativa, escuta os cidadãos, procura responder às necessidades destes, promove a respectiva participação nos processos de decisão, implementação e controlo e presta-lhes contas (COSTA, 2014, p. 197).

E, trilhando os conceitos de uma nova cidadania, não a limita a uma cidadania meramente representativa ou passiva, mas vai ao encontro de uma cidadania ativa e participativa que leva em consideração a *accountability* (dever de cuidado dos poderes públicos e o dever de prestar contas) e a *responsiveness* (sintonia da atuação dos poderes públicos com os anseios dos cidadãos) (CANOTILHO, 2008, p. 334).

2.2 OS PROGRAMAS DE GOVERNO

Dahl (2015), ao discorrer sobre a definição mínima de democracia em larga escala, destacou o princípio da competição pelo poder ao lado de outras condições institucionais, como dirigentes eleitos, eleições livres, justas e frequentes, liberdade de expressão, fontes de informação diversificadas, liberdade de associação e cidadania inclusiva.

Nessa linha, já foi dito alhures que democracia deve envolver não apenas aspectos formais ou procedimentais, mas também uma dimensão essencialmente substantiva de realização das necessidades básicas do povo. Acresce-se a isso a percepção conjuntural que deu ensejo ao nascimento das técnicas e táticas de gestão pública, vindo o Estado a incorporar a missão de cuidado não apenas da segurança como também da sorte da população ("aumentar sua riqueza, sua duração de vida, sua saúde, etc.") (FOUCAULT, 1979, p. 289) em determinado território.

No plano jurídico, o instrumento que solidifica a confluência do princípio da competitividade pelo poder e aquelas outras condições de realização do exercício democrático é o programa de governo. Porquanto, em última análise, os governos são escolhidos por meios de eleições justas, competitivas e periódicas para implementar os melhores programas, conforme a livre opção do povo a partir de suas prioridades submetidas a um processo dialógico interno.

Veja-se que o enfoque aqui tratado reside em um controle inicialmente político, mas que também se encontra plenamente apto a produzir efeitos jurídicos, acerca dos parâmetros e referenciais de um bom governo, à luz das escolhas promovidas pelo povo, em um contexto genérico de competitividade no Estado de direito democrático.

Deveras, não se trata estritamente de um controle sobre o cumprimento de interesses públicos específicos em certa ação administrativa, ato ou contrato administrativo que permite a intervenção do Poder Judiciário no exame da adequação aos princípios da legalidade e moralidade para anular um ato da Administração Pública, de modo a reordenar a atuação finalística da gestão pública (MOREIRA NETO, 2000, p. 73).

O que se trata, por conseguinte, como registrado por Moreira Neto (2000, p. 75), é da "sujeição do Estado à sociedade [...] como extraordinária conquista política realizada pelas revoluções inglesa, francesa e americana, dotando a ordem jurídica de um sistema da legitimidade que permitiu o surgimento, o amadurecimento e a disseminação do Estado Liberal e Democrático".

Nessa quadra, adquire relevo a figura do programa do governo não apenas como instrumento político, mas também jurídico, para dar efetividade ao dever da boa administração e do bom governo.

O programa do governo consiste exatamente no documento formal que consubstancia as mais diversas candidaturas rivais numa eleição democrática, permitindo ao eleitor e ao destinatário do poder a melhor escolha política dentro do leque de prioridades a serem implementadas por cada governo periodicamente (TEIXEIRA, 2018, p. 42).

Bons programas de governo, em perspectiva, podem conduzir a futuros bons governos, contribuindo para o desenvolvimento social e econômico e a vivência de uma boa sociedade.

Não se trata, por isso mesmo, de mero registro simbólico das boas intenções dos candidatos elegíveis, mas de instrumento com significativo valor jurídico, capaz de produzir efeitos tangíveis no tocante ao controle da sociedade sobre os agentes políticos.

Porquanto, para Teixeira, faz-se relevante a presença dos elementos da competitividade e da periodicidade para observância das principais funções das eleições na democracia, a saber:

> a) a responsabilização vertical (*vertical accountability*) entre representantes e representados, através da qual os primeiros prestam contas aos segundos pelas políticas que implementam durante o seu mandato político, e de que em muito depende a sua recondução no cargo nas eleições imediatamente subsequentes; b) a responsividade (*responsiveness*) existente na relação entre representantes e representados, uma vez que é expectável que os governantes sejam receptivos e se mostrem abertos às preferências, necessidades e interesses dos cidadãos, agregando-os e transformando-os em políticas públicas. É, pois, a existência deste permanente *trade-off* entre *accountability* e *responsiveness* que garante às eleições os seu carácter democrático (TEIXEIRA, 2018, p. 42).

Assim, o programa do governo é que deve balizar a agenda político-eleitoral, dando substância aos referenciais das políticas públicas escolhidas para que os destinatários do poder possam controlar e fiscalizar seus representantes eleitos (TEIXEIRA, 2018, p. 43).

Nessa linha, a demonstrar a importância dos programas de governo segundo dados obtidos em investigação coordenada por Ana Maria Belchior, em 2014 e 2015, Teixeira (2018, p. 84) aponta que, no âmbito da população portuguesa, "cerca de 65% dos inquiridos considera que nem uma situação de emergência económica e financeira - como a vivida em Portugal com o resgate internacional e a intervenção da troika, entre 2011 e 2014 - se justifica a violação dos compromissos eleitorais assumidos pelos partidos do governo".

O que, na visão de Teixeira (2018, p. 84), denota o "entendimento de que os programas eleitorais apresentados pelos partidos aos eleitores vinculam a atuação dos primeiros às preferências dos segundos durante a legislatura".

Em Portugal, a relevância dos programas do governo tem valor de norma constitucional, sendo exigência contida, especialmente, no art. 188º (Programa do Governo) e no art. 192º (Apreciação do programa do Governo), deixando a Constituição evidenciado que não existe democracia eleitoral sem apresentação do programa do governo com as principais orientações políticas e medidas prioritárias a serem adotadas no exercício do poder governamental.

Mas, além da respectiva apresentação aos destinatários do poder, encontram-se, ainda, regras constitucionais que ensejam o controle e a vinculação ao programa do governo. No primeiro caso, sublinha-se o art. 180º, que giza os direitos de cada grupo parlamentar no sentido de "apresentar moções de rejeição do programa do governo", dando azo à sua demissão, se aprovada tal moção, na forma do art. 195º, 1, "d", da Constituição da República. No segundo, sem prejuízo do anterior, calha expor a redação do art. 189º, que trata da solidariedade governamental, frisando que "os membros do governo estão vinculados ao programa do governo e às deliberações tomadas em Conselho de Ministros".

Acerca do sobredito princípio da solidariedade, Canotilho (1999a, p. 595) destaca que,

> [...] se um ministro é individualmente responsável pelos seus actos, também o é, enquanto membro do Governo, pela política geral deste, ainda que executada pelos diferentes colegas do "gabinete". Daí a vinculação de todos os ministros ao programa do governo e às deliberações tomadas pelo Conselho de Ministros (CF, Art. 189º).

De outro modo, no Brasil, a perspectiva jurídica acerca da relevância do programa de governo ainda é assaz incipiente. De início, frise-se que tal documento não mereceu ênfase no texto da Constituição Federal de 1988, sucedendo-se diversas eleições para chefes do poder executivo desde 1989, sem qualquer obrigatoriedade de apresentação de um programa de governo até a eleição do ano de 2010.

Com efeito, somente a partir da edição da Lei Federal n. 12.034/2009 é que se instituiu, no ordenamento jurídico brasileiro, o dever de apresentação das propostas defendidas pelos candidatos a postos de chefia do poder executivo em âmbito municipal, estadual e federal[2]. Logo, em caso de ausência de programa de governo, o registro da candidatura à chefia do executivo será indeferido pela Justiça Eleitoral brasileira.

Ainda assim, inexistem os demais atributos previstos no ordenamento português no sentido de controle e vinculação ao programa do governo defendido pelos candidatos e, posteriormente, escolhido pelos destinatários do poder.

A norma brasileira padece, também, de previsão que imponha maior objetividade e rigor metodológico na elaboração das propostas, especificando diretrizes, metas quantitativas e qualitativas, ações, indicadores de desempenho e observância dos instrumentos de gestão orçamentária como plano plurianual - PPA. Hoje, os papéis levados à Justiça Eleitoral aceitam qualquer texto ou cláusulas em tom de generalidade que dificultem a vinculação dos governantes aos compromissos firmados no processo eleitoral democrático.

Por essa senda, aos candidatos é exigido apenas e tão somente o protocolo das propostas de governo juntamente com o pedido de registro de candidatura perante a Justiça Eleitoral, assegurando-se ampla publicidade a eles durante o processo de concorrência, nos termos do § 6º do art. 11º daquela referida lei federal[3].

Dignas de nota são as propostas de emenda à Constituição que tramitam na Câmara dos Deputados, no Brasil, de

---

[2] Art. 11. Os partidos e coligações solicitarão à Justiça Eleitoral o registro de seus candidatos até as dezenove horas do dia 15 de agosto do ano em que se realizarem as eleições. § 1º O pedido de registro deve ser instruído com os seguintes documentos: [...] IX - propostas defendidas pelo candidato a Prefeito, a Governador de Estado e a Presidente da República.

[3] Art. 11. [...] § 6º A Justiça Eleitoral possibilitará aos interessados acesso aos documentos apresentados para os fins do disposto no § 1º.

números 10/2011 e 52/2011, esta última apensada à primeira e ambas prontas para deliberação em plenário, que instituem obrigatoriedade de os chefes do poder executivo em âmbito federal, estadual e municipal apresentarem às respectivas Casas Parlamentares um Programa de Metas e Prioridades à luz dos programas eleitorais enviados à Justiça Eleitoral para suas respectivas gestões.

Tais Programas de Metas e Prioridades deveriam ser apresentados logo nos primeiros meses após a posse, carreando as devidas especificações de indicadores de desempenho e metas quantitativas e qualitativas com vistas à promoção do desenvolvimento sustentável, notadamente sob enfoque dos seguintes critérios:

> [...] a) erradicação da miséria b) inclusão social, com redução das desigualdades regionais e sociais; c) atendimento das funções sociais urbanas e rurais com melhoria da qualidade de vida e do meio ambiente; d) promoção do cumprimento da função social da propriedade urbana e rural nos termos previstos nos arts. 182 e 186 desta Constituição; e) promoção e defesa dos direitos fundamentais individuais e sociais de toda pessoa humana; f) promoção de meio ambiente ecologicamente equilibrado e combate à poluição sob todas as suas formas; g) universalização do atendimento dos serviços públicos com observância das condições de regularidade; continuidade; eficiência, rapidez e cortesia no atendimento ao cidadão; segurança; atualidade com as melhores técnicas, métodos, processos e equipamentos; e modicidade das tarifas e preços públicos que considerem diferentemente as condições econômicas da população; h) promoção da

transparência e da ética na gestão pública; i) promoção de uma economia inclusiva, verde e responsável[4].

A despeito de tais iniciativas de emenda à Constituição, ainda em trâmite, o que se apura é que, hoje, em caso de descumprimento das propostas de governo apresentadas pelos candidatos ao pleito não há qualquer possibilidade de responsabilização política dos chefes do poder executivo que leve à demissão ou destituição funcional na fluência dos mandatos eletivos, restando ao povo aguardar unicamente o critério temporal em retrospectiva para apreciação do desempenho de seus governantes.

Tal contexto contribui, irremediavelmente, para a fragilização da legitimidade governamental na democracia brasileira.

Sem embargo disso, oportuno anotar a existência de regras cogentes e de iniciativas voluntárias de controle e aferição do cumprimento de programas de governo e de metas governamentais.

Nesse sentido, o Tribunal de Contas da União - TCU, no Brasil, bem como a maioria dos Tribunais de Contas estaduais, tem fortalecido o uso de indicadores de desempenho nas auditorias operacionais do setor público, observando aspectos referentes à economicidade, à eficácia, à eficiência e à efetividade para controle e medição dos custos de insumos, alcance quantitativo de produtos, bens e serviços, relações entre quantidade de produtos e custo dos insumos ou características do processo, como tempo de duração, e alcance dos objetivos finalísticos atinentes à solução ou redução dos problemas na sociedade[5].

---

[4] PEC n. 52, de 2011 - autoria do Deputado Paulo Teixeira e outros; PEC n. 10, de 2011 - autoria do Deputado Luiz Fernando Machado e outros.

[5] Especialmente a partir da Portaria-SEGECEX n. 33, de 23 de dezembro de 2010.

Em medida prospectiva, os resultados de tais auditorias operacionais das Corte de Contas deveriam se constituir como ferramentas de grande utilidade no trabalho de elaboração de programas de governo e submissão ao debate eleitoral.

Por sua vez, de acordo com a disposição do art. 84, inciso XI, da Constituição Federal, tem-se a competência privativa do Presidente da República para envio da mensagem e plano de governo ao Congresso Nacional na abertura de cada Sessão Legislativa, expondo a situação do País e solicitando as providências que julgar necessárias.

Lamentavelmente, esta última exigência é vista como mera formalidade e distante do conhecimento geral da sociedade brasileira. Suas raízes históricas remontam ao período imperial, em que os arts. 18 e 19 da Constituição de 1824[6] exigiam uma reunião em Assembleia Geral de ambas as Casas Parlamentares para o pronunciamento solene conhecido como Fala do Trono. Ainda hoje, as leituras das Mensagens Presidenciais, assim como as Falas do Trono de outrora, nada têm de consequências no campo da responsabilidade política, embora possam e devam servir, especialmente no regime republicano democrático vigente, como legítimo mecanismo de controle parlamentar e popular.

Noutro giro, em âmbito da sociedade, são dignas de destaque outras iniciativas voluntárias da imprensa livre, como aquela organizada pelo portal *G1* denominada "As Promessas dos Políticos", que mensura o grau de cumprimento das

6 Constituição Política do Império do Brasil de 1824. Art. 18. A Sessão Imperial de abertura será todos os annos no dia tres de maio. Art. 19. Tambem será Imperial a Sessão do encerramento; e tanto esta como a da abertura se fará em Assembléa Geral, reunidas ambas as Camaras.

promessas de campanha eleitoral no âmbito da Presidência da República, dos Governos Estaduais e das Prefeituras das capitais, destacando as promessas cumpridas, cumpridas em parte ou não cumpridas à luz dos respectivos planos de governo, entrevistas e debates[7].

Veja-se, por conseguinte, que há muitos caminhos a serem trilhados – com boas práticas em andamento – para iluminar a longa estrada de aperfeiçoamento da democracia brasileira.

2.3 A PERDA DE LEGITIMIDADE DOS GOVERNOS NA DEMOCRACIA

Seja como for, importa notar que a qualidade da democracia está relacionada à visão que o povo tem das questões de funcionamento dos governos. Isso porque, conforme frisa Teixeira,

> [...] a democracia é também uma forma de governo portadora de um determinado fim. Dito ainda de outra maneira: a democracia não é um mero método para a tomada das decisões políticas, desprovida de qualquer finalidade, não exigindo como tal nenhum conteúdo que justifique essas decisões. [...] Uma boa democracia é, por conseguinte, um regime fortemente legitimado, na medida em que satisfaz tão completamente quanto possível às preferências dos cidadãos (TEIXEIRA, 2018, p. 49-50).

Oportuno, por esse caminho, diferenciar o apoio difuso do apoio específico à democracia. No primeiro caso, para Teixeira:

---

7 Disponível em: https://especiais.g1.globo.com/politica/2015/as-promessas--dos-politicos/?&_ga=2.48991334.1381986130.1652216837-6d9ec704-4bd5-f395-6ff6-4277742ca98c#prefeitos.

> [...] relaciona-se com a lealdade dos cidadãos aos valores e ideais normativos associados à democracia enquanto regime político, resultando este apoio, fundamentalmente, de aspectos de longo prazo relativos a diferentes dimensões da cultura política de um país. Por outro lado, o apoio específico está relacionado com a avaliação do sistema democrático e das suas principais instituições e atores políticos; mas também com o modo como uns e outros satisfazem as funções básicas que lhes são atribuídas e respondem com eficácia às expectativas dos cidadãos – o que torna o apoio específico mais volátil e influenciado por fatores de curto prazo, tais como o desempenho de determinados governos, as grandes mudanças nas políticas públicas [...] (TEIXEIRA, 2018, p. 65).

Assim, torna-se possível apontar duas medidas que sugerem, aprioristicamente, a legitimidade de um regime democrático concreto, a saber: o grau de satisfação e o grau de confiança dos cidadãos (TEIXEIRA, 2018, p. 66).

Com efeito, enquanto a satisfação ou insatisfação com a democracia trata das expectativas em torno do desempenho específico de determinado governo para cuidar dos problemas e questões que afligem o povo, em escala de prioridades, a postura atinente à confiança ou desconfiança que os cidadãos depositam nas instituições democráticas guarda relação com o juízo que os cidadãos têm do seu funcionamento, e sua correspondência aos propósitos para os quais foram criadas, carreando uma dimensão essencialmente ética (TEIXEIRA, 2018, p. 66).

A conjunção de insatisfação e de desconfiança em face dos governos é crescente, de maneira geral, nas democracias portuguesa e brasileira, haja vista a frequente ruptura pelos gestores das promessas eleitorais tão logo iniciado o exercício governamental, resultando em governanças dissociadas das escolhas fundamentais realizada pelo povo. Isso se dá, conforme justificam os políticos, seja por uma alegada alteração dos contextos políticos e sociais no momento do exercício do mandato – posteriormente ao momento do certame eleitoral –, seja por um suposto conhecimento superveniente de fatos, dados e informações que eram ignorados ao tempo das promessas eleitorais (TEIXEIRA, 2018, p. 80).

Teixeira, segundo dados do Eurobarómetro por meio de consulta realizada em agosto de 2017, diz que é possível alcançar as seguintes conclusões:

> Primeira: entre 2000 e 2016, o nível de satisfação dos portugueses com o funcionamento da democracia passou de 48% para 40%. Segunda: os níveis mais baixos de satisfação com o funcionamento da democracia em Portugal correspondem ao período que vai de 2011 a 2014. Precisamente o período que corresponde ao pedido de resgate financeiro e à intervenção da troika em Portugal; traduzindo-se, como é sabido, na implementação de reformas estruturais profundas e na aplicação de severas medidas de austeridade com enormes efeitos recessivos para o conjunto da população, nomeadamente aumento de impostos e cortes nos salários e benefícios sociais (TEIXEIRA, 2018, p. 67).

No Brasil, interessante observar dados comparativos de pesquisa realizada pelo Instituto Datafolha acerca do apoio à democracia. Nessa linha, em dezembro de 2019, 62% dos brasileiros disseram que concordavam que a democracia é sempre a melhor forma de governo, enquanto esse índice havia sido de 69% na semana da eleição presidencial, ocorrida em outubro de 2018[8]. Houve, por conseguinte, uma redução de 7% no apoio à democracia brasileira, após o primeiro ano de mandato presidencial nesse período, distinguindo-se os momentos de apresentação das promessas eleitorais e de realização dos compromissos do programa de governo.

Em tal cenário, os eleitores caminham para as urnas desapontados e sem esperanças de que as promessas eleitorais dispostas nos programas de governo serão efetivamente cumpridas.

Os índices de abstenção a cada ciclo eleitoral apontam para essa direção. Segundo dados do Tribunal Superior Eleitoral[9], por exemplo, o índice de abstenção nas eleições presidenciais brasileiras de 2014 foi de 19,39%, enquanto nas eleições presidenciais de 2018 foi de 20,32%.

Assim, Teixeira (2018, p. 82) giza que não há como olvidar o fato de os eleitores, muitas vezes, votarem apenas de forma retrospectiva, ou seja, baseando-se no desempenho geral do governo findo e no comportamento dos partidos e das candidaturas de oposição no decorrer do mandato, sem que eles sequer leiam atentamente as propostas e os programas do governo, salvo raras exceções.

De mais a mais, significativa parcela dos eleitores estrutura suas escolhas a partir de outros critérios distintos da escolha das melhores propostas, promessas ou programas governamentais, por exemplo, a simpatia por um líder momentâneo

---

8 DATAFOLHA. *Opinião sobre democracia.* Disponível em: http://media.folha.uol.com.br/datafolha/2020/01/02/42a3a1405e015b37af0facb59e438492osdemo.pd 15-02-2020f. Acesso em: 15 fev. 2020.

9 Disponível em: https://www.tse.jus.br/eleicoes/estatisticas/estatisticas-eleitorais.

ou outro, a proximidade familiar ou a existência de laços de amizade com apoiadores e militantes de certos partidos políticos ou candidatos, ou, ainda, pela polarização partidária artificial ou manipulada, a partir de interesses de grupos midiáticos (TEIXEIRA, 2018, p. 82).

Oportuno acrescer a elaboração de programas de governo com propostas vagas e ambíguas, segundo Teixeira (2018, p. 82-83), podendo-se ainda adicionar genéricas, superficiais e, até mesmo, plagiadas. Institui-se, assim, um círculo vicioso decorrente das frustrações dos eleitores de verem suas justas "expectativas sistematicamente esquecidas ou defraudadas, tendendo estes a desenvolver um forte capital de queixa contra os governos do momento e contra os partidos que os suportam".

Esse distanciamento paulatino entre as vontades dos cidadãos e as propostas ou programas dos governos aprovados em eleições livres, no decorrer do exercício dos mandatos, é que vai configurar a perda de legitimidade política, corroendo a satisfação e a confiança na democracia.

Por decorrência, entre outros aspectos, Rosário[10] destaca que,

> [...] paradoxalmente, o poder participativo do cidadão na vida política foi-se degradando com a instauração do sufrágio universal, que supõe a representação integral dos cidadãos através dos deputados, ao deixar todo o poder nas mãos de uma classe política, sem outra

10 "Diferentemente do referendo e da iniciativa popular, como de outras formas de participação aqui referidas, a revocação visa diretamente a 'própria pessoa dos representantes' e não a sua atividade ou o resultado desta" (ROSÁRIO, 2013, p. 16-17).

> medida de censura para além do voto periódico e excluindo de facto outras vias de representação. O espaço de diálogo sobre os assuntos nacionais foi-se limitando ao recinto parlamentar, com um eco cada vez mais débil na imprensa ou em outros meios de comunicação (ROSÁRIO, 2013, p. 16-17).

Reverter esse quadro, portanto, é tarefa que se impõe de maneira abrangente, o que sugere o fortalecimento das medidas de censura e controle, além do apoio a ações de educação para a cidadania.

Capítulo 3

RESPONSABILIDADE POLÍTICA E DESTITUIÇÃO DE GOVERNOS EM PORTUGAL E NO BRASIL

3.1 A RESPONSABILIDADE DOS GOVERNOS E A POSSIBILIDADE DE DESTITUIÇÃO POR PERDA DE LEGITIMIDADE DEMOCRÁTICA

Como referido alhures, uma perspectiva importante da ideia de democracia gira em torno da possibilidade de impedir que maus governantes ou governantes ineficazes causem o maior prejuízo possível ao povo.

Para Lomba (2008, p. 31), democracia e responsabilidade são termos que exigem reciprocidade entre si como condição de existência de um e de outro, impedindo a formação de governos abusivos, ditatoriais e perpétuos, de modo que o povo permanece a ser o titular do poder e a conservar a prerrogativa de vigiar e remover os governantes.

Desse modo, adquire maior significância o debate voltado à destituição dos governos por perda de legitimidade no exercício do mandato, por meio de medidas institucionais de responsabilização pelo resultado ou pelo desempenho que variam conforme as experiências constitucionais e os respectivos sistemas de governo (LOMBA, 2008, p. 32).

A questão causa inquietude em face da constatação de que no Brasil inexiste qualquer possibilidade de destituição dos chefes do poder executivo, em âmbito municipal, estadual e federal, mediante instrumentos de responsabilização estritamente política decorrentes do desempenho governamental, limitando-se a hipóteses de apuração de crimes de responsabilidade - de caráter político-jurídico - ou à investigação eminentemente judicial no contexto da prática de algum ilícito penal ou civil.

Por essa senda, um governo mau, ineficiente, fraco e com elevado grau de insatisfação dos destinatários do poder somente pode ser destituído no momento eleitoral subsequente, oportunizando-se aos eleitores o direito de não reeleger os respectivos titulares governamentais.

Frise-se que, conforme a Constituição brasileira, o mandato governamental em todas as esferas da federação é de quatro anos, não sendo possível qualquer julgamento de desempenho nesse intervalo seja pelo parlamento, seja diretamente pelo povo[1].

---

[1] Art. 28. A eleição do Governador e do Vice-Governador de Estado, para mandato de quatro anos, realizar-se-á no primeiro domingo de outubro, em primeiro turno, e no último domingo de outubro, em segundo turno, se houver, do ano anterior ao do término do mandato de seus antecessores, e a posse ocorrerá em primeiro de janeiro do ano subsequente, observado, quanto ao mais, o disposto no art. 77.

Art. 29. [...] I - eleição do Prefeito, do Vice-Prefeito e dos Vereadores, para mandato de quatro anos, mediante pleito direto e simultâneo realizado em todo o País;

Tal situação, irremediavelmente, causa desgastes incomensuráveis de governabilidade e, sobretudo, potencializa e prolonga no tempo o sofrimento do povo mais empobrecido dado o desacerto dos comandos constitucionais de promoção da dignidade da pessoa humana, de construção de uma sociedade livre, justa e solidária, de erradicação da pobreza e da marginalização e de redução das desigualdades sociais e regionais.

Em Portugal, por sua vez, embora haja instrumentos de responsabilização política mais bem delineados na Constituição da República que, em tese, permitem a destituição do Chefe do Governo no exercício do mandato por cláusulas de desempenho e ruptura da confiança, observa-se que há insuficiência de mecanismos de participação efetiva dos cidadãos para densificar um julgamento político, no curso do mandato governamental. Importante lembrar que a Constituição da República assegurou a participação na vida pública diretamente ou por intermédio de representantes livremente eleitos, conforme prescrito no art. 48º/1.

Contudo, diante dos comandos inscritos nos arts. 163º e 195º da CR/76 a respeito das moções de confiança e de censura, além da rejeição do programa do governo, os constituintes optaram nitidamente por restringir os mecanismos de responsabilização política para fins de demissão do governo apenas aos representantes eleitos, excluindo os cidadãos dessa possibilidade de controle e participação mais próxima.

Esse cenário surge agravado na medida em que executivo e legislativo, no mais das vezes, caminham em busca de retroalimentação recíproca rumo a uma legitimação formal para

Art. 82. O mandato do Presidente da República é de quatro anos e terá início em primeiro de janeiro do ano seguinte ao da sua eleição.

estabilizar a relações de exercício e manutenção do poder entre a maioria parlamentar e o governo mediado pelos partidos políticos sequiosos por cargos públicos de livre nomeação e exoneração na alta Administração Pública (RUBIO, 1994, p. 33).

O que calha sublinhar, de toda maneira, é a possibilidade e, porventura, até mesmo a necessidade de destituição dos governos por mecanismos constitucionais que alimentem o princípio da soberania popular e fortaleçam as condições de legitimidade democrática, levando-se em conta os elementos de confiança e satisfação do povo não apenas no momento de investidura, mas também, e, sobretudo, no decorrer do exercício dos mandatos governamentais. Em suma, fazer com "que a democracia do povo não seja uma latência, mas sim uma permanência" (CANOTILHO, 2008, p. 308).

Nesse sentido, Canotilho (2008, p. 316) pontua que "a pergunta a fazer é esta: o recurso a instrumentos de participação de democracia directa contribuirá efectivamente para neutralizar as críticas ao sistema político estabelecido e para revigorar a confiança nas instituições políticas? Afinal para que servem estes instrumentos de democracia participativa?"

Para ratificar tal perspectiva, oportuno investigarem-se os mecanismos existentes nos ordenamentos jurídico-constitucionais de responsabilização política dos governos, tanto em Portugal quanto no Brasil.

3.1.1 A destituição decorrente de responsabilidade política

De modo apriorístico, calha destacar que, nos contornos de um Estado de direito democrático, não existe responsabilidade dissociada de aspectos jurídicos. Em alguma medida, pois, toda responsabilidade política é também uma responsabilidade jurídica, cabendo ao Direito Constitucional sistematizar regras e procedimentos que regulamentem o funcionamento estável dos mecanismos de responsabilização e tentem racionalizar a ordem política e o exercício do poder (LOMBA, 2008, p. 22-23).

Com efeito, segundo Lomba,

> [...] a activação de qualquer dos mecanismos institucionais com que a responsabilidade política é efectivada, gera um dever (jurídico) para o órgão responsável, no sentido de conformar a sua conduta à manifestação de vontade do sujeito responsabilizador. Tal dever de respeito pode traduzir-se na mais grave das obrigações: a demissão do seu titular (LOMBA, 2007, p 148).

Conceitualmente, a responsabilidade política pode ser vista como um princípio de matiz constitucional, voltado a assegurar a observância de tantos outros princípios constitucionais, como democracia, representação, prestação de contas, sistema de governo, etc. Por isso, figura-se inadequada a dissociação entre responsabilidade política e o domínio do Direito (LOMBA, 2008, p. 149).

Nessa trilha é que a responsabilidade política se relaciona propriamente à obrigação jurídica de os governantes prestarem contas, assim como a submissão destes ao juízo de mérito sobre os seus atos e atividades por parte dos governados e a possibilidade da sua destituição ou substituição em caso de insatisfação popular (LOMBA, 2008, p. 78).

Fato é que, diante do exercício nocivo do poder político governamental, deve existir um conjunto de sanções políticas e constitucionais que dá força ao princípio da responsabilidade, cuja consequência mais severa decorre propriamente do rompimento da relação de confiança entre os sujeitos da responsabilidade política, acarretando, de modo irreversível, a cessação das funções do sujeito responsável (LOMBA, 2008, p. 130).

Calha frisar, por ser importante, que a função da responsabilidade política jamais será aniquilar o poder político, mas sim levar ao seu uso controlado e saudável (LOMBA, 2008, p. 70). Por essa senda, reproduzir, conservar ou regenerar o exercício dos poderes políticos é missão fundamental do constitucionalismo, dados os limites e recortes estabelecidos nas Constituições para a manutenção do necessário equilíbrio entre os poderes (RUBIO, 1994, p. 35).

Nesse sentido, o aspecto sancionatório produz um efeito de dissuasão importante para correção dos rumos governamentais em perspectiva, uma vez que os sujeitos responsáveis ficam permanentemente submetidos à vontade do sujeito responsabilizador, embora condicionada a determinados limites políticos especiais (RUBIO, 1994, p. 130).

Dentre tais condições especiais, Lomba (2008, p. 133-134) destaca alguns "critérios tendenciais de decisão", a saber: a) a maior intensidade sobre atos funcionais no exercício dos cargos políticos em comparação com os atos de cunho pessoal, dando azo ao princípio da prioridade dos atos funcionais sobre os atos pessoais; b) a existência de um robusto sentimento de rejeição coletiva, com nítido caráter reativo, sobre atos, posturas e comportamentos concretos, afastando-se qualquer possibilidade de sanção apenas por mera presunção de que condutas defeituosas serão tomadas no futuro; c) a inafastabilidade da obrigação de demissão se determinada conduta política evidenciar incompetência ou inaptidão superior do agente político para exercício do cargo e o cumprimento de suas funções.

Importa realçar, por oportuno, que a responsabilidade política é uma responsabilidade por condutas de impacto funcional associada a um mau desempenho governamental. O foco, portanto, consiste numa responsabilidade por condutas políticas (ou omissões de condutas) que carreiam em si um inequívoco desvalor constitucional. Não há que se falar, por conseguinte, em obrigação de reparar ou restituir eventuais prejuízos patrimoniais, uma vez que o que se sanciona com a responsabilidade política é a conduta reprovável do titular de cargo político no papel de gestor público, da qual podem surgir resultados danosos fáticos em menor ou maior escala para a comunidade.

Lomba (2008, p. 135) reitera, com clareza, que as omissões de condutas importam de igual forma para fins de caracterização da responsabilidade política, classificando-as como uma responsabilidade negativa, na medida em que se vinculam a atos ou fatos que deveriam ter existido se o agente político houvesse observado seu leque de atribuições funcionais. Nessa linha, prossegue Lomba (2008, p. 135), "não se trata apenas de confrontar o sujeito político responsável com o que ele fez; é também relevante expô-lo perante o que ele não fez, tendo o dever de fazer".

Cabe destacar que tal confrontação – que não decorre de qualquer correlação entre norma incriminadora e sanção subsequente – é, em regra, judicialmente insindicável em seus aspectos meritórios ou de conteúdo, razão pela qual se diz que tais atos geradores de responsabilidade são estritamente políticos, distinguindo-se, por exemplo, do crime de responsabilidade, que requer subsunção típica a um ilícito previamente descrito em lei abstrata. Todavia, como já frisado alhures, a essência da referida obrigação de conduta permanece sob marco jurídico em face do inequívoco dever de comportamento que se exige dos agentes políticos (RUBIO, 1994, p. 148).

A tênue fronteira subsiste, assim, na liberdade de escolhas administrativas em face do singular e do concreto, que constitui a margem da responsabilidade do poder político e em que o Judiciário não deve se imiscuir (ENTERRÍA, 1983, p. 48-49).

De mais a mais, a responsabilidade estritamente política não é uma responsabilidade necessariamente causal ou que dependa da demonstração de um nexo de causalidade entre uma ação ou omissão política e certa consequência negativa que dela resulte (ENTERRÍA, 1983, p. 138-139). Em verdade, cuida-se de uma responsabilidade funcional, sendo mister a aferição das condutas governamentais em confronto com o arco de funções e competências atribuídas pela Constituição, pela lei e pelos compromissos firmados perante o povo (ENTERRÍA, 1983, p. 139).

Por certo, quanto aos deveres prestacionais, o que se requer não é precisamente o cumprimento imediato dos resultados desejados pela Constituição no período de um governo eleito ou reeleito, mas sim que, para efeitos de responsabilidade política, haja a observância dos deveres funcionais de prestar os serviços públicos destinados tendencialmente à erradicação da pobreza, à promoção da dignidade da pessoa humana, à construção de uma sociedade livre, justa e solidária, entre outros objetivos fundamentais da República, tanto em Portugal quanto no Brasil.

Daí por que se torna imprescindível que o programa do governo apresentado pelos agentes governamentais, que devem necessariamente estar em conformidade com os preceitos constitucionais e legais, seja a referência mais importante do controle e da fiscalização na relação objetiva de responsabilidade política sob viés funcional.

Nesse juízo de aferição, todavia, cabe pontuar a relevância dos critérios de razoabilidade e proporcionalidade diante de situações fáticas excepcionais ou imprevisíveis que forcem o político gestor a reordenar os compromissos iniciais do plano de governo. É o que se viu, por exemplo, com a pandemia de Covid-19, que exigiu o realinhamento de inúmeros compromissos governamentais em todas as democracias do mundo.

Logo, não há que se falar em responsabilidade automática do gestor público pelo eventual descumprimento de ações e metas previamente anotadas, haja vista a possibilidade de ocorrência de elementos fortuitos cujos efeitos não seja possível evitar ou impedir.

Exatamente por isso é que as ações de políticas públicas decorrentes dos programas de governo devem ter vinculação aos deveres prestacionais consignados nas declarações de direitos de cada Carta Constitucional, admitindo-se ajustes circunstanciais, desde que adequados ao dever de promover e proteger direitos.

Além da ausência de nexo causal, destaca-se que a responsabilidade estritamente política, em condições normais de funcionamento institucional, é não culposa, sendo distante de um juízo de culpabilidade sobre o sujeito político responsável (ENTERRÍA, 1983, p. 141-142).

É perfeitamente possível, de todo modo, que fatos ensejadores de responsabilidade política deem azo à responsabilidade de âmbito criminal, sendo ambas as esferas independentes e paralelas, de forma que não se confundem e nem se excluem (ENTERRÍA, 1983, p. 58).

A propósito dessa correlação entre responsabilidade penal e responsabilidade política, Conlledo (2017, p. 79) anota alguns critérios distintivos, dentre os quais se destacam: a gravidade mais acentuada da responsabilidade penal; o caráter de *ultima ratio* do direito penal; o juízo de legalidade estrita no campo do direito penal em detrimento de um juízo de oportunidade preponderante na responsabilidade política; o caráter subjetivo da imputação penal a exigir investigação sobre dolo e culpa; o procedimento e respectivo órgão que declara a responsabilidade num caso e no outro; e, por fim, a vigência do princípio da presunção de inocência em sentido estrito em matéria penal, cuja inaplicação se evidencia no campo da responsabilidade política.

Calha traçar, ainda, uma responsabilidade política difusa e uma responsabilidade política institucional (MIRANDA, 2014, p. 79).

A primeira refere-se ao juízo crítico dos cidadãos em torno dos governantes a partir do exercício das liberdades fundamentais, podendo resultar em uma opinião pública negativa que se manifesta, via de regra, "através das eleições no final dos mandatos, máxime através de não reeleição ou não recondução ou da não eleição de candidatos que apareçam identificados com os titulares cessantes" (MIRANDA, 2014, p. 79).

Mas essa responsabilidade difusa pode também se manifestar no decorrer de um mandato governamental por meio de instrumentos constitucionais postos à disposição do povo com vistas à revogação popular do mandato no intervalo entre os atos eleitorais regulares (MIRANDA, 2014, p. 80). Trata-se do chamado *recall* ("chamar de volta"), adotado em alguns Estados e Municípios dos Estados Unidos, em alguns cantões suíços, na Áustria, na Venezuela, entre outros, constituindo-se como autêntica ferramenta de democracia semidireta também conhecida como referendo revogatório (MIRANDA, 2014, p. 80).

A esse propósito, através de uma visão mais restritiva, Miranda (2014, p. 80) entende que "limitar a decisão do povo às escolhas periódicas dos representantes significa criar condições para a apreciação dos seus actos menos emotivamente e para que o juízo popular tenha por objeto, não tanto cada uma das decisões, quanto a complexa atividade por eles desenvolvida ao longo do tempo".

Por outro lado, há ainda uma responsabilidade política dita institucional por ser manifestada no exercício da competência legal de algum órgão ou poder do Estado, no quadro do direito partidário de oposição, ou seja, no contexto do papel de a minoria fiscalizar os atos do governo da maioria (MIRANDA, 2014, p. 81).

Evidentemente, também, nessa forma de responsabilidade política institucional, pode haver a destituição ou demissão do governo se a correlação de forças no embate parlamentar assim se impuser diante de algum desgaste ou ruptura da confiança que lhe dava sustentação, como é típico dos sistemas parlamentarista e semipresidencialista.

De modo corrente, diz-se que a responsabilidade política institucional é própria de sistemas parlamentaristas e semipresidencialistas de governo, enquanto a responsabilidade política difusa é própria dos sistemas presidencialistas diante do fato de os membros dos poderes executivo e legislativo serem emanados diretamente do corpo eleitoral, tornando-os sujeitos apenas à responsabilidade perante a opinião pública (CONLLEDO, 2017, p. 87). Porém, segundo Conlledo (2017, p. 87), tal assertiva deve ser flexibilizada, porquanto nos sistemas presidencialistas, como se verá adiante, também se mantêm mecanismos de controle institucional entre órgãos do Estado, podendo levar ou não à destituição de mandatos governamentais.

De toda maneira, como referido anteriormente, enquanto é possível verificar elementos de responsabilidade estritamente política no contexto do semipresidencialismo português, o mesmo não se pode dizer quanto ao sistema presidencialista brasileiro por carência de instrumentos. É o que se passa a verificar em ambos os sistemas à luz do Direito Constitucional.

3.2 ASPECTOS NO DIREITO CONSTITUCIONAL PORTUGUÊS

Em Portugal, a responsabilidade política que pode conduzir à destituição do governo é marcadamente institucional no raio de competências do Presidente da República e da Assembleia da República.

Para tanto, oportuno destacar dois aspectos do texto constitucional de 1976, a saber, o desejo de recuperar a centralidade do parlamento e a responsabilidade do governo perante este e, em segundo, restabelecer a eleição directa do Presidente da República, consagrada inicialmente na Constituição de 1933 e eliminada na revisão de 1959, acolhendo-se, nesse processo, traços de regime parlamentar, de regime presidencial e de racionalização parlamentar-presidencialista (CANOTILHO, 1999a, p. 553).

De tal arte, a Constituição portuguesa estabeleceu um governo nomeado pelo Presidente da República, mas dirigido por um primeiro-ministro e seu conselho de ministros enquanto órgão de soberania institucionalmente autônomo semelhante ao modelo parlamentar clássico. Outro elemento, tipicamente parlamentarista, foi a instituição da responsabilidade política do governo perante o parlamento por iniciativa da Assembleia da República, mediante moção de censura (art. 195º/f) ou por iniciativa do próprio governo a partir de uma moção de confiança (arts. 193º e 195º/e) (CANOTILHO, 1999a, p. 555-556).

Nesse tocante, sublinhe-se que o voto de confiança pode ser solicitado pelo governo à Assembleia da República sobre uma declaração de política geral ou sobre qualquer assunto relevante de interesse nacional (art. 193º). De sua vez, a moção de censura ao governo pode ser votada sobre a execução do seu programa ou assunto relevante de interesse nacional, desde que tenha a iniciativa de pelo menos um quarto dos Deputados em efetividade de funções ou de qualquer grupo parlamentar (art. 194º/1).

De outro lado, como traços característicos do regime presidencial, verifica-se a eleição do Presidente da República mediante sufrágio universal, direto e secreto dos cidadãos portugueses (art. 121º), além do delineamento do direito de veto político e legislativo, nos termos do art. 136º da Constituição de 1976 (CANOTILHO, 1999a, p. 556).

E, como traços de racionalização parlamentar-presidencialista, dando peculiaridade ao sistema português, aponta-se a existência de uma dupla responsabilidade política do governo (arts. 190º e 191º). Nessa esteira, o executivo propriamente dito é responsável tanto perante o parlamento (*vide* as moções de censura e de confiança retro aludidas) quanto perante o

Presidente da República, sendo dada a possibilidade de este último demitir diretamente o governo, quando se torne necessário, para garantir o funcionamento regular das instituições democráticas, depois de ouvido o Conselho de Estado, nos termos do art. 195º/2 (CANOTILHO, 1999a, p. 557).

Sem embargo disso, e de maneira mais abrangente, cumpre referir à dicção do art. 117º/1, que estipula a responsabilidade política, civil e criminal dos titulares de cargos políticos pelas ações e omissões que perpetrarem no exercício de suas funções.

De mais a mais, destaca-se ainda o direito de dissolução da Assembleia da República assegurado pela Constituição ao Presidente da República, depois de ouvidos os partidos políticos nela representados e o Conselho de Estado (art. 133º/e), comportando limites temporais estabelecidos no art. 172º/1, que impedem a dissolução nos seis meses posteriores à sua eleição, no último semestre do mandato do Presidente da República ou durante a vigência do estado de sítio ou do estado de emergência (CANOTILHO, 1999a, p. 557). Tal prerrogativa conferida ao Presidente da República produz efeitos, inevitavelmente, na manutenção política de qualquer governo constituído, tendo-a como ferramenta de reorganização do sistema governamental.

A propósito, Morais pontua que

> [...] todas as dissoluções presidenciais (1979, 1982, 1986, 2001, 2011), menos uma no ano de 2004, ocorreram na sequência da demissão do primeiro-ministro e no contexto de crises políticas pronunciadas e agravadas por debilidades na liderança do Executivo, associadas

> a divisões no Governo ou na coligação, rotura de uma coligação, demissões de ministros seguidas de obstáculos ou dificuldades na constituição de governos alternativos dentro da mesma legislatura (MORAIS, 2018, p. 507).

Logo, vê-se que o Presidente da República, embora não exerça papel de gestão governamental, goza de poderes para demitir o governo seja diretamente (art. 195º/2), seja por decorrência indireta mediante dissolução da Assembleia da República (art. 133º/e) e reorganização sistêmica do executivo.

O que importa notar, de toda maneira, é que o sistema político português goza de nítida interdependência institucional na relação entre o Presidente da República e o primeiro-ministro, entre o Presidente da República e a Assembleia da República e entre a Assembleia da República e o governo.

As hipóteses constitucionais de demissão do governo, portanto, levam em conta esse equilíbrio sistêmico, como previsto no art. 195º/1/2, que se referem ao início de uma nova legislatura, a aceitação do Presidente da República do pedido de demissão apresentado pelo primeiro-ministro, a morte ou a impossibilidade física duradoura do primeiro-ministro, a rejeição do programa do governo, a não aprovação de uma moção de confiança, a aprovação de uma moção de censura por maioria absoluta dos Deputados em efetividade de funções e a excepcionalidade de o Presidente da República demitir o governo, mediante prévia oitiva do Conselho de Estado.

Como exemplo desse esforço por estabilidade institucional, sem prejuízo das outras possibilidades de demissão do governo no curso da legislatura, a própria Constituição estabeleceu cláusula limitativa à moção de censura, de maneira que, se a moção não for aprovada em determinada votação, seus signatários não podem apresentar outra durante a mesma sessão legislativa, nos termos do art. 194º/3.

Resta inequívoca, então, a preponderância dos mecanismos de responsabilidade política institucional no âmbito da ordem constitucional portuguesa, retirando-se dos cidadãos a possibilidade de qualquer participação por meio de institutos de democracia semidireta na demissão do governo, como acima anotado.

Nada obstante, é correto dizer que a responsabilidade política difusa, que se relaciona à formação de uma opinião pública negativa, pode influenciar nas condições de sustentação do governo central, levando, por exemplo, o primeiro-ministro, em casos excepcionais, a pedir demissão ao Presidente da República, materializando a hipótese do art. 195º/1/b. Tal aspecto, sem dúvida alguma, é relevante. Contudo, aparenta ser insuficiente diante das crises que permeiam a democracia representativa nos dias atuais.

Cada vez mais, temas relacionados à "democratização da democracia" representativa têm preenchido o debate político, não apenas na Europa, como também nos Estados Unidos e na América Latina, buscando-se instrumentos de maior participação dos cidadãos no período de intervalo entre duas eleições regulares (MORAIS, 2018, p. 93).

Com efeito, a democracia não se adstringe ao processo de disputas a envolver designação e demissão das autoridades governamentais, porquanto há de levar em conta aspectos substantivos e axiológicos do princípio constitucional democrático (MORAIS, 2018, p. 93).

Talvez aqui subsista, então, um déficit de participação popular no sistema de responsabilização política português. Afinal, como frisado por Miranda:

> [...] em última análise, responsabilidade política não se destina apenas a corrigir ou sancionar, em nome de princípios e fins prévia e imutavelmente aceites, atividade governativa desenvolvida até certo momento. Todos os meios de efectivar a responsabilidade, máxime as eleições gerais, servem tanto para o povo avaliar o exercício do mandato dos governantes cessantes como para traçar um novo rumo para o futuro. Também o povo é livre na responsabilização dos governantes (MIRANDA, 2014, p. 82).

De outro lado, ainda no sistema constitucional português, há que se observar a possiblidade de destituição de membros do governo por meio da incidência do crime de responsabilidade, de natureza processual penal, distinguindo-se da responsabilidade dita estritamente política por envolver agora uma apreciação judicial de subsunção da conduta a um fato típico previamente descrito na lei de regência.

Nesse sentido, o art. 117º/3 da CR/76 estabelece que os titulares de cargos políticos, entre os quais se encontram membros do governo, ficam sujeitos às hipóteses previstas em lei de crimes de responsabilidade, cujas sanções aplicáveis e os respectivos efeitos podem incluir, expressamente, a destituição do cargo ou a perda do mandato.

A norma supramencionada pelo texto constitucional é a Lei n. 34/87, de 16 de julho, que descreve diversos fatos típicos ensejadores dos efeitos condenatórios por crime de responsabilidade, como traição à Pátria, atentado contra a Constituição da República, atentado contra o Estado de direito, coação contra órgãos constitucionais, prevaricação, denegação de justiça, desacatamento ou recusa de execução de decisão de tribunal, violação de normas de execução orçamental, suspensão ou restrição ilícitas de direitos, liberdades e garantias, recebimento indevido de vantagem, corrupção passiva, corrupção ativa, violação de regras urbanísticas, peculato, peculato de uso, peculato por erro de outrem, participação econômica em negócio, emprego de força pública contra a execução de lei de ordem legal, recusa de cooperação, abuso de poderes e violação de segredo.

Quanto aos efeitos da condenação, relevante destacar as regras dos arts. 30º e 31º, ao definirem que a condenação definitiva por crime de responsabilidade cometido no exercício das suas funções do primeiro-ministro e de membro do Governo da República (titular de cargo político de natureza não eletiva), implica direito à respectiva demissão.

E, em observância às peculiaridades próprias da apuração dos crimes de responsabilidade, a sobredita Lei n. 34/87, em seu art. 35º, estipula regras especiais aplicáveis a membros do governo em duas medidas principais, a saber: primeiramente, uma vez movido o procedimento criminal e indiciado definitivamente por despacho de pronúncia, prevê que a Assembleia da República decida se o membro do governo deve ou não ser suspenso para efeitos de seguimento do processo; e, em segunda medida, prevê o foro privilegiado para o primeiro-ministro responder, perante o Plenário do Tribunal da Relação de Lisboa, com recurso para o Supremo Tribunal de Justiça.

Nesta última via do crime de responsabilidade, por conseguinte, encontra-se também a possibilidade de destituição do governo, mas a partir de uma responsabilização apurada em nível judicial, o que destoa, sobremaneira, do modelo adotado no Direito Constitucional brasileiro.

3.3 ASPECTOS NO DIREITO CONSTITUCIONAL BRASILEIRO

No Brasil, seguindo antiga tradição na história do constitucionalismo desde 1891 (MENDES; BRANCO, 2017, p. 995), para Canotilho *et al.* (2013, p. 1286), a responsabilidade que implica a destituição do governo presidencial se restringe ao chamado crime de responsabilidade, enquanto infração de natureza político-administrativa, apurado e julgado no âmbito do Senado Federal, sujeitando o Presidente da República tanto como Chefe de Estado (art. 85, I a IV, da CF/88) quanto como Chefe de Governo (art. 85, V a VII, da CF/88) às sanções de perda do cargo e inabilitação para o exercício de função pública pelo prazo de oito anos.

De acordo com Lenio Luiz Streck, Marcelo Andrade Cattoni de Oliveira e Alexandre Bahia,

> [...] a responsabilização do Presidente da República, ou *impeachment*, consiste em "medida que tem por fito impedir que a pessoa investida de função pública continue a exercê-las" (Pontes de Miranda, *op. cit.*, p. 592). Cada uma das competências do Presidente da República (Arts. 84) gera um poder, mas também um dever, de forma que seu descumprimento, ou mesmo omissão, podem ensejar processo por crime de responsabilidade (CANOTILHO *et al.*, 2013, p. 1286).

O art. 85 da CF/88 estabelece que são crimes de responsabilidade aqueles que atentem contra a Constituição Federal e, especialmente, contra a existência da União, o livre exercício do Poder Legislativo, do Poder Judiciário, do Ministério Público e dos Poderes constitucionais das unidades da Federação, o exercício dos direitos políticos, individuais e sociais, a segurança interna do País, a probidade na administração, a lei orçamentária e o cumprimento das leis e das decisões judiciais.

Mais adiante, no art. 167, § 1º, da CF/88, vê-se também que "nenhum investimento cuja execução ultrapasse um exercício financeiro poderá ser iniciado sem prévia inclusão no plano plurianual, ou sem lei que autorize a inclusão, sob pena de crime de responsabilidade." E, por meio da EC n. 108, de 2020, foi instituída cláusula impeditiva de retenção ou restrição à entrega e ao emprego dos recursos do Fundo de Manutenção e Desenvolvimento da Educação Básica e de Valorização dos Profissionais da Educação (Fundeb) aos Estados, ao Distrito Federal e aos Municípios, implicando seu descumprimento pela autoridade competente a imputação do crime de responsabilidade. Em realidade, os fatos típicos do crime de responsabilidade se encontram descritos na Lei n. 1.079/50, haja vista a previsão constitucional inscrita no parágrafo único do art. 85 que remete à necessidade de lei especial para estabelecer as normas de processo e julgamento (CANOTILHO *et al.*, 2013, p. 1287).

Tal norma – a Lei n. 1.079/50 –, que carece de urgente atualização, foi em sua maior parte recepcionada pelo ordenamento constitucional de 1988, conforme jurisprudência do Supremo Tribunal Federal que se formou a partir da apreciação do *impeachment* do presidente Collor de Mello e ratificada por ocasião do *impeachment* da presidenta Dilma Rousseff (CANOTILHO *et al.*, 2013, p. 1286).

Mendes e Branco (2017, p. 995) suscitam polêmica em torno da possibilidade ou não de o Presidente reeleito responder por infrações praticadas em mandato anterior, haja vista a cláusula de irresponsabilidade temporária prevista no art. 86, § 4º, da CF/88, a qual fixa que o Presidente, na vigência de seu mandato, não pode ser responsabilizado por atos alheios ao exercício de suas funções.

A esse respeito, após examinarem excertos doutrinários de Pontes de Miranda e do Ministro Paulo Brossard, concluem que

> [...] não se pode entender a reeleição como uma absolvição de todos os atos cometidos no mandato anterior. Dessa maneira, os fatos eventualmente cometidos no exercício da função de Presidente da República durante o primeiro mandato não podem ser considerados "estranhos ao exercício de suas funções" (MENDES; BRANCO, 2017, p. 997).

De fato, descabido estender aquela cláusula de imunidade para restringir eventual responsabilização seja numa leitura literal, seja teleológica da norma constitucional (MENDES; BRANCO, 2017, p. 997). Pela mesma senda, é inapropriado cogitar que a eleição tenha conferido o condão de absolver o Presidente reeleito, notadamente porque sequer se inaugurou a fase de acusação, no curso do primeiro mandato.

Outro ponto de destaque é que, no processo de responsabilização político-jurídica por crime de responsabilidade, o texto constitucional reservou ao cidadão o papel de provocador, conferindo-lhe legitimidade para dar início à acusação, perante a Câmara dos Deputados (MENDES; BRANCO, 2017, p. 998).

Daí em diante, segue-se o procedimento exclusivamente no âmbito do Congresso Nacional, dividido em duas fases distintas. A primeira para efetuar o juízo de admissibilidade, que se dá mediante votação de dois terços dos membros da Câmara dos

Deputados, nos termos do art. 51, inciso I, da CF/88, e a segunda para realizar o processamento e julgamento propriamente ditos que requer a maioria simples de votos no Senado Federal para recebimento da denúncia, depois igual quórum para o juízo de pronúncia com a suspensão das funções do Chefe do Executivo por no máximo 180 dias (art. 86, § § 1º, II, e 2º, da CF/88) e, por fim, o quórum qualificado de dois terços dos membros do Senado, em sessão presidida pelo Presidente do STF, para o juízo de mérito do *impeachment*, conforme o art. 52, parágrafo único, da CF/88.

Oportuno sublinhar, todavia, a existência de desvios sistêmicos na dinâmica de tramitação dos pedidos de *impeachment* perante a Câmara dos Deputados. Um primeiro revela-se na concentração excessiva dos poderes de exame sobre os requisitos formais de procedibilidade, conforme previsto no art. 218, §§ 1º e 2º, do Regimento Interno[2], em torno da figura do Presidente da Câmara. É que apenas essa autoridade, monocraticamente, pode verificar a singela presença de reconhecimento de firma na assinatura do denunciante, a eventual juntada de documentos e se houve a indicação de rol de testemunhas para que, só então, seja determinada a leitura da

---

[2] Regimento Interno da Câmara dos Deputados. Art. 218. É permitido a qualquer cidadão denunciar à Câmara dos Deputados o Presidente da República, o Vice-Presidente da República ou Ministro de Estado por crime de responsabilidade.

§ 1º A denúncia, assinada pelo denunciante e com firma reconhecida, deverá ser acompanhada de documentos que a comprovem ou da declaração de impossibilidade de apresentá-los, com indicação do local onde possam ser encontrados, bem como, se for o caso, do rol das testemunhas, em número de cinco, no mínimo.

§ 2º Recebida a denúncia pelo Presidente, verificada a existência dos requisitos de que trata o parágrafo anterior, será lida no expediente da sessão seguinte e despachada à Comissão Especial eleita, da qual participem, observada a respectiva proporção, representantes de todos os Partidos.

denúncia no expediente da sessão seguinte e haja o despacho de encaminhamento à Comissão Especial opinativa a ser eleita - com a representação de todos os partidos.

Ou seja, a competência inicial para tão simples exame é exclusiva do Presidente da Câmara dos Deputados, não sendo delegada para setores administrativos de verificação dos requisitos formais de procedibilidade, nem muito menos compartilhada de maneira mais plural com a Mesa Diretora da Casa.

Outro desvio, ainda mais sério, consiste na ausência de qualquer prazo legal ou regimental para que a Presidência da Câmara dos Deputados proceda à verificação daqueles requisitos formais de procedibilidade - conferência de assinatura dos denunciantes com firma reconhecida, acompanhamento de documentos comprobatórios mínimos, bem como, se for o caso, rol de testemunhas.

Logo, na prática, um processo de *impeachment* somente pode prosseguir se for do interesse político do Presidente da Câmara dos Deputados, olvidando-se os reclamos de cidadãos ou cidadãs e de parlamentares da oposição política. Por mais singelo que seja tal exame preliminar, a Presidência da Casa pode represar por meses ou anos a tramitação e o devido processo legal de pedidos de apuração por crimes de responsabilidade, a ponto de tornar letra morta o princípio da legitimidade democrática nesse particular.

Esta última matéria, a propósito, foi levada à apreciação do STF no MI n. 7.362, tendo como relatora a Ministra Cármen Lúcia, que indeferiu a medida liminar e negou seguimento ao mandado de injunção por entender que "o Presidente daquela Casa exerce juízo específico de plausibilidade da peça que ali chega e da oportunidade e conveniência, em juízo qualificado como político por este Supremo Tribunal"[3]. Invocou, ainda, a aplicação do princípio da separação dos poderes, previsto no art. 2º da Constituição Federal, e a necessidade de autocontenção do exercício jurisdicional constitucional como cláusulas impeditivas para a fixação de prazo pelo Poder Judiciário para exame de procedibilidade mínimo dos pedidos de *impeachment* por parte do Presidente da Câmara dos Deputados.

Tal entendimento, porém, contrasta com o posicionamento do próprio STF ao assegurar o direito das oposições políticas a verem a instalação das Comissões Parlamentares de Inquérito – CPIs, que estão previstas no texto constitucional, assim como o instituto da responsabilidade do Presidente da República, por força do autêntico direito público subjetivo dos grupos minoritários e da prerrogativa de investigação parlamentar acerca de fato determinado.

De fato, a densa jurisprudência do STF autoriza a concessão de mandado de segurança em desfavor da Presidência da Casa Legislativa para fazer, compulsoriamente, a organização de Comissões Parlamentares de Inquérito não obstante o caráter político dos atos parlamentares. É o que se viu, por exemplo, no MS n. 37.760 MC-Ref, da relatoria do Ministro Roberto Barroso, que afastou os argumentos de índole estritamente política e qualquer valoração discricionária da Presidência do Senado Federal, para determinar a instauração da CPI de investigação sobre as ações e omissões do Governo Federal no enfrentamento da pandemia da Covid-19 no Brasil e, em especial, no agravamento da crise sanitária no Amazonas, com a ausência de oxigênio para os pacientes internados[4].

---

3 Disponível em: https://jurisprudencia.stf.jus.br/pages/search/despacho1191233/false.

4 MS 37.760 MC-Ref, Relator Roberto Barroso, Tribunal Pleno, julgado em 14.04.2021, processo eletrônico DJe 158, divulg 06.08.2021, public 09.08.2021.

Na mesma linha, no MS n. 24.831, relatado pelo então Ministro Celso de Mello, depreende-se a legítima intervenção jurisdicional fundada na concepção do Estado Democrático de Direito para projetar-se

> [...] na esfera orgânica do Poder Legislativo [...] sempre que os corpos legislativos ultrapassem os limites delineados pela Constituição ou exerçam as suas atribuições institucionais com ofensa a direitos públicos subjetivos impregnados de qualificação constitucional e titularizados, ou não, por membros do Congresso Nacional[5].

Verifica-se, por um lado, a força normativa conferida ao poder parlamentar de investigação próprio das autoridades judiciais (art. 58, § 3º, CF), mas, de outro, o enfraquecimento hermenêutico - até o momento - sobre os pedidos de responsabilização político-jurídica de autoridades investigadas.

Esse antagonismo revela o estreitamento das portas de responsabilização político-jurídica no jogo democrático brasileiro.

Não obstante os desvios sistêmicos acima pontuados, percebe-se que, excepcionalmente, o processo de responsabilização por crime de responsabilidade pode prosseguir, como a história constitucional brasileira mais recente demonstrou tanto em 1992 quanto em 2015.

---

5 MS 24.831, Relator Celso de Mello, Tribunal Pleno, julgado em 22.06.2005, DJ 04.08.2006, p. 26, *Ement.* v. 2240-02, p. 231, *RTJ* 200-03, p. 1121.

Ao Judiciário, nessa fase, cabe o papel de garantidor das regras do jogo do processo de *impeachment*, não podendo o Supremo Tribunal Federal imiscuir-se no exame de mérito, ou seja, no juízo de oportunidade e conveniência da Câmara dos Deputados em analisar o teor da acusação e, politicamente, autorizar ou não a submissão do Presidente da República ao processo e julgamento perante o Senado Federal, conforme decidido pelo Ministro Alexandre de Moraes no MS n. 34.193/DF[6].

Nessa toada, Mendes e Branco pontuam que

> [...] orientação semelhante já havia sido firmada pelo STF no MS n. 20.941, no qual se observara que, embora a autorização prévia para a instauração do processo e a decisão final fossem medidas de natureza predominantemente política – cujo mérito era insuscetível de controle judicial –, caberia ao Judiciário aferir a regularidade do processo de *impeachment* sempre que, no desenvolvimento dele, se alegasse violação ou ameaça ao direito das partes (MENDES; BRANCO, 2017, p. 998-999).

A propósito, julgando a Arguição de Descumprimento de Preceito Fundamental – ADPF n. 378, em sede de cautelar, o STF reafirmou o caráter político do processo de destituição do governo por *impeachment*, fixando que "os senadores não precisam se apartar da função acusatória, mesmo exercendo o papel de juízes, tendo em vista o caráter político do procedimento", e que "não se aplicam subsidiariamente as hipóteses

6 Mandado de Segurança 34.193. Distrito Federal. *Trata-se de Mandado de Segurança, com pedido de liminar, impetrado pela ex-Presidente da República Dilma Vana Rousseff.* Disponível em: http://www.stf.jus.br/arquivo/cms/noticiaNoticiaStf/anexo/MS34193.pdf. Acesso em: 10 fev. 2020.

de impedimento e suspeição previstas no Código de Processo Penal" (MENDES; BRANCO, 2017, p. 999).

Entretanto, a polêmica que subsiste diz respeito aos limites da fundamentação jurídica que dá ensejo à imputação do crime de responsabilidade. Ou seja, é possível o Congresso Nacional, a pretexto de fazer um julgamento político, aplicar as graves sanções de destituição do cargo político e inabilitação para a função pública sem que esteja bem caracterizada a ocorrência de um verdadeiro crime de responsabilidade? Tal julgamento de mérito, sem a devida subsunção dos fatos imputados aos ilícitos previstos na Lei n. 1.079/50, não implicaria um desvio do poder de fiscalização motivado? E, ainda, por razões escusas, tal situação não conduziria ao que se denomina vulgarmente de politicagem em benefício de grupos ou elites específicas?

Nessa linha de questionamento, em análise do mais recente processo de *impeachment* no Brasil (2015-2016), Semer pontua que:

> O movimento pelo *impeachment* começou antes da posse da presidenta. Desde o início, tratou-se da pena à procura de um crime. Ao fim, são desvios orçamentários, frutos de alteração de entendimento do TCU, com efeitos ilicitamente retroativos, que maquiaram a deposição como afastamento, instalando no poder aquele que, presidente em exercício, praticara idênticos atos inquinados de ilegais. O caráter político do processo de *impeachment* claramente se sobrepôs à exigência jurídica de um crime de responsabilidade, tratado como pretexto para pôr a máquina legislativa em andamento. Máquina dirigida capciosamente por um desafeto da presidenta, afastado pelo STF por desvios de poder contemporâneos ao *impeachment*, mas só reconhecidos após o encerramento

> do processo. E a substituição leva ao poder uma plêiade de investigados do escândalo de que se nutriu, a começar pelo próprio interino. Sem crime de responsabilidade que pudesse servir de base para acusação, o propalado *conjunto da obra* representou um voto de desconfiança, em inequívoca ruptura com o processo eleitoral que o antecedera (SEMER, 2016, p. 108).

Em tal quadra, afirmar que compete ao STF, apenas o papel de guardião do procedimento, isentando-se de apreciar a tipicidade do crime de responsabilidade em respeito à teoria dos atos *interna corporis*, resulta em manifesta ambiguidade diante de outras posições evidentemente ativistas e vanguardistas daquela Suprema Corte em relação aos demais poderes da República (SEMER, 2016, p. 111).

Seria de melhor medida, por aplicação analógica da teoria dos fatos determinantes, o STF debruçar-se sobre a efetiva ocorrência dos fatos correspondentes aos ilícitos político-administrativos que serviram de esteio à destituição da Presidenta da República.

Nesse passo, à luz do Direito Administrativo, Enterría e Fernández (1990, p. 405) anotam que a potestade discricional não está a envolver qualquer verificação arbitrária se algo aconteceu ou não aconteceu na realidade em si. Trata-se, pois, de pressuposto fático da aplicação de uma norma que deve permitir sempre o devido controle pelos tribunais.

Logo, dizer que determinado ilícito político-administrativo aconteceu diante da norma incriminadora pressupõe, ao menos, a inequívoca certeza de que os fatos ensejadores da subsunção legal efetivamente ocorreram *per si*. Afastar a possibilidade de controle judicial sobre tal premissa pode representar uma porta aberta para arbitrariedades, na medida em que, sob pálio da isenção política, pode-se permitir a aplicação de sanções a partir de fatos absolutamente inexistentes.

Por essa senda, é possível o controle da exatidão ou da realidade dos fatos que servem de fundamento ou de pressuposto para o exercício do juízo discricionário. Analogicamente, cabe o mesmo raciocínio aqui, que, no caso da apuração de crimes de responsabilidade, exige um *plus* por não se cuidar propriamente de um juízo de oportunidade e conveniência, mas sim de qualificação jurídica dos fatos à norma.

Merece destaque, ainda, que a imputação de crime de responsabilidade é pessoal, podendo atingir tanto o Presidente da República quanto o Vice-Presidente da República, conjunta ou isoladamente.

Importa frisar que a renúncia da autoridade presidencial não impede a continuidade do processo de apuração do crime de responsabilidade no âmbito do Senado Federal, haja vista a possibilidade de aplicação, separadamente, da pena de inabilitação para o exercício de função pública (ENTERRÍA; FERNÁNDEZ, 1990, p. 1001).

Na mesma trilha, destaca-se a possibilidade de *impeachment* dos Ministros de Estado e Comandantes das Forças Armadas por crime de responsabilidade, enquanto membros do governo, que serão julgados perante o Senado Federal, nos termos do art. 52, inciso I, da CF/88, desde que se trate de crimes de responsabilidade conexos com aqueles praticados pelo Presidente da República ou pelo Vice-Presidente da República.

Do contrário, inexistindo tal conexão subjetiva, os Ministros de Estado e os Comandantes das Forças Armadas serão julgados pelo Supremo Tribunal Federal, nos termos do art. 102, inciso I, alínea *c*, da CF/88, denotando-se, então, um julgamento marcado pelas balizas de um processo judicial comum. Registre-se que tanto num caso quanto noutro deve haver a necessária subsunção dos fatos imputados na denúncia aos elementos típicos previstos em lei, que será apurada rigorosamente à luz do princípio da legalidade seja no arco de atribuição do Senado, seja na esfera de atribuição do STF.

A hipótese de ausência de conexão subjetiva nas condutas dos Ministros de Estado e do Presidente ou Vice-Presidente da República pode decorrer, por exemplo, do não atendimento sem justificativa adequada ao dever de prestar informações pessoalmente à Câmara dos Deputados, ao Senado Federal ou a qualquer de suas Comissões, bem como não prestar informações escritas pedidas pelas Mesas da Câmara dos Deputados ou do Senado Federal, nos termos do art. 50, *caput* e § 2º, da CF/88.

O crime de responsabilidade sofre, por consequência, inusitada transfiguração, adquirindo caráter eminentemente jurisdicional em lugar da natureza predominantemente política, ou político-jurídica, cuja apuração judicial fica sujeita a "ação penal pública de competência exclusiva do Ministério Público Federal", conforme decidido pelo STF na Petição n. 1.954[7], relatado pelo Ministro Maurício Corrêa, Pleno, DJ 01.08.2003.

---

[7] EMENTA: DENÚNCIA POPULAR. SUJEITO PASSIVO: MINISTRO DE ESTADO. CRIMES DE RESPONSABILIDADE. ILEGITIMIDADE ATIVA *AD CAUSAM*. RECEBIMENTO DA PEÇA INICIAL COMO *NOTITIA CRIMINIS*. ENCAMINHAMENTO AO MINISTÉRIO PÚBLICO FEDERAL. 1. O processo de *impeachment* dos Ministros de Estado, por crimes de responsabilidade autônomos, não conexos com infrações da mesma natureza do Presidente da República, ostenta caráter jurisdicional, devendo ser instruído e julgado pelo Supremo Tribunal Federal. Inaplicabilidade do disposto nos artigos 51, I e 52, I da Carta de 1988 e 14 da Lei 1079/50, dado que é prescindível autorização política da Câmara dos Deputados para a sua instauração.

Digno de destaque, por outro lado, o voto vencido do Ministro Celso de Mello, naquele aresto que arguia a natureza jurídica do crime de responsabilidade, no plano político-constitucional, de caráter essencialmente extrapenal, cujo ilícito é qualificado como político-administrativo. Por essa razão, indo de encontro à jurisprudência dominante, acolhia Sua Excelência a possibilidade de o cidadão eleitor denunciar, ele próprio, perante o Supremo Tribunal Federal, qualquer Ministro de Estado, desde que subsumido às condutas típicas da Lei n. 1.079/50[8].

Num outro caso, o Ministro Edson Fachin, em decisão monocrática, determinou o arquivamento da Petição n. 8.351/DF, que versava sobre denúncia formulada por três deputados federais em desfavor do Ministro de Estado do Meio Ambiente, em 2019, pela prática de crime de responsabilidade, consistente no alegado descumprimento do dever funcional relativo à Política Nacional do Meio Ambiente e à garantia do meio ambiente ecologicamente equilibrado, além da expedição de atos contrários à Constituição Federal, em face da alteração na estrutura do Conselho Nacional do Meio Ambiente - Conama.

---

2. Prevalência, na espécie, da natureza criminal desses processos, cuja apuração judicial está sujeita à ação penal pública da competência exclusiva do Ministério Público Federal (CF, artigo 129, I). *Ilegitimidade ativa ad causam* dos cidadãos em geral, a eles remanescendo a faculdade de noticiar os fatos ao Parquet. 3. Entendimento fixado pelo Tribunal na vigência da Constituição pretérita (MS 20422, Rezek, DJ 29/06/84). Ausência de alteração substancial no texto ora vigente. Manutenção do posicionamento jurisprudencial anteriormente consagrado. 4. Denúncia não admitida. Recebimento da petição como *notitia criminis*, com posterior remessa ao Ministério Público Federal. ACÓRDÃO do Supremo Tribunal Federal. *Pet 1.954*. DJ n. 146, de 01.08.2003. Disponível em: http://stf.jus.br/portal/diarioJustica/verDiarioProcesso.asp?numDj=146&dataPublicacaoDj=01/08/2003&incidente=1815111&codCapitulo=5&numMateria=21&codMateria=1. Acesso em: 10 fev. 2020.

[8] LEI n. 1.079/50. Publicada no Diário Oficial da União de 12.04.1950. Disponível em: http://www.planalto.gov.br/ccivil_03/leis/L1079.htm. Acesso em: 20 fev. 2020.

Em tal decisão, o ministro da Suprema Corte aplicou a jurisprudência ali sedimentada e reafirmou o entendimento de que somente o Ministério Público detém legitimidade ativa para denúncia por crime de responsabilidade em situações desse jaez[9].

Assim, em um evidente contrassenso, embora o cidadão possa promover denúncia por crime de responsabilidade contra o Presidente da República e o Vice-Presidente da República, o mesmo não pode fazer em relação a um Ministro de Estado, salvo se demonstrado algum laço de conexão subjetiva com a conduta presidencial.

Entretanto, figura-se cabível e de total pertinência jurídica a possibilidade de o cidadão mover ação penal subsidiária da pública, nos termos do art. 5º, inciso LIX, da CF/88, se o Ministério Público – como titular da ação penal em casos desse jaez – permanecer inerte na persecução do crime de responsabilidade.

Seja como for, as portas de fiscalização, controle e responsabilização política dos agentes governamentais no Brasil, portanto, são deveras estreitas e difíceis de acesso por aqueles que são essenciais numa democracia, quais sejam, os destinatários do poder (o povo), restringindo-se, inadequadamente, o exercício do princípio da cidadania.

As ocorrências de dois casos de *impeachment* dos Presidentes da República na história recente no Brasil, em 1992 e em 2016, paradoxalmente, não apontam para um amadurecimento das regras de responsabilidade sobre os detentores do poder de governo.

---

9 DECISÃO Monocrática – Supremo Tribunal Federal. Pet 8351. DJ n. 236, de 29.10.2019. *Trata-se de denúncia por crime de responsabilidade imputado ao Ministro de Estado Ricardo de Aquino Salles.* Disponível em: http://portal.stf.jus.br/processos/downloadPeca.asp?id=15341592250&ext=.pdf. Acesso em: 10 fev. 2020.

Diante da crise da democracia representativa, que contamina a legitimidade dos agentes políticos de maneira geral, o ordenamento jurídico-constitucional brasileiro ainda é refratário a mecanismos de maior incidência de responsabilidade política institucional.

O que se destaca, neste passo, é a insuficiência das respostas que envolvam apenas os aspectos judiciais ou de crimes de responsabilidade para superação da crise de legitimidade da democracia representativa, subsistindo autêntica tibieza nas atividades de responsabilização política dos governos inaptos.

Por isso, dada a multiplicidade de ideias e proposições para robustecer a participação popular no controle dos governos, entende-se por oportuno destacar uma possibilidade no campo da democracia semidireta.

A despeito de se cuidar de hipótese inexistente no ordenamento constitucional brasileiro de hoje, entende-se que o tema merece acurada reflexão diante dos princípios da participação e da soberania popular, como instrumento de reconquista das condições de governabilidade e de retomada da confiança do povo em certas condições de fragilização da responsabilidade política.

3.4 AS PROPOSTAS DE REFERENDO REVOGATÓRIO PARA O ORDENAMENTO CONSTITUCIONAL BRASILEIRO

Inexiste uniformidade no tocante ao enquadramento da revogação popular como espécie de referendo ou como uma figura típica de democracia semidireta.

Nessa linha, Rosário[10] diz que a revogação popular (*recall*) é procedimento de democracia semidireta diferente do plebiscito e do referendo, consistindo num modo de os cidadãos e cidadãs se pronunciarem sobre a destituição de um ou mais de seus representantes antes do fim do respectivo mandato outorgado pelo povo mediante exercício do voto universal.

De fato, a origem de legitimidade é tão evidente quanto o é o fato de esses representantes serem eleitos pelos mesmos cidadãos (ROSÁRIO, 2013, p. 34), motivo pelo qual não há qualquer divergência na aplicação de tal instituto. Urbano pontua que,

> [...] se o povo tem o poder de eleger os seus representantes, deverá também deter o poder de os destituir quando estes frustrem as expectativas neles depositadas, antes de expirar o prazo relativo ao cargo que estão a exercer. [...] Em poucas palavras, trata-se de uma substituição antecipada dos representantes (URBANO, 1998, p. 80).

Estudiosos do direito constitucional, ao tratarem da tipologia dos referendos em geral, adotam como critérios os elementos do objeto (constitucionais, legislativos, políticos, administrativos e de arbitragem), da iniciativa (iniciativa pública/dos governantes ou iniciativa popular/dos governados) e dos efeitos jurídicos (referendo deliberativo – que por sua vez

10 "Diferentemente do referendo e da iniciativa popular, como de outras formas de participação aqui referidas, a revocação visa diretamente a 'própria pessoa dos representantes' e não a sua atividade ou o resultado desta" (ROSÁRIO, 2013, p. 34).

pode ser aprovativo ou ab-rogativo – ou referendo consultivo, também chamado de mera consulta)[11].

Não se denota, portanto, qualquer destaque ao referendo revogatório, preferindo-se uma identificação que o apresenta como instituto afim de exercício da democracia semidireta, como o faz Rosário (2013, p. 30).

Sem embargo disso, conforme Bobbio (1995, p. 1074), oportuno frisar que não foram as teorias democráticas de Rousseau que prevaleceram, com maior destaque, no decorrer do processo de superação do absolutismo, mas sim a perspectiva liberal centrada no processo de escolha de representantes para um parlamento independente das atribuições típicas do Executivo.

Por essa linha, lembra Bobbio (1995, p. 1074) que "não se notou a necessidade de fazer participar o povo nas decisões públicas, havendo-se reconhecido a um corpo eleitoral, consideravelmente restrito em relação à população, apenas a faculdade de escolha dos representantes", o que restringiu a expansão do referendo como ferramenta de exercício democrático.

No caminhar da história, então, viram-se no mundo ocidental as batalhas pelo desenvolvimento da democracia ser orientadas mais incisivamente para a ampliação do sufrágio na escolha dos representantes e, só em data mais recente, a partir do pós-guerra, verificou-se um esforço de ampliação do objeto pela valorização dos mecanismos de participação popular numa perspectiva de democracia semidireta.

É o caso da República Federativa do Brasil, a considerar que se vivencia na presente quadra o período mais longo de democracia representativa com sufrágio universal e eleições

---

[11] É o que se vê, em linhas gerais, nas obras retro citadas de Pedro Trovão do Rosário, Maria Benedita Malaquias Pires Urbano e Norberto Bobbio, Nicola Matteucci e Gianfranco Pasquino.

regulares desde a proclamação da República, em 1889. Com efeito, no presente, tem-se o funcionamento livre do parlamento brasileiro e a sucessão de eleições presidenciais com ampla participação popular no processo de escolha.

Entretanto, de maneira antagônica, ainda se verifica a incompletude sistêmica pela ausência de mecanismos constitucionais de exercício da participação popular no processo de desqualificação funcional por questões de índole precipuamente política ou de gestão de governos[12].

Por oportuno, Urbano (1998, p. 82-83) realça as desvantagens e as vantagens das possibilidades de destituição popular. Numa primeira ótica, aponta o risco do chamado "mandato imperativo" a conduzir ao enfraquecimento e a perda de independência e da autonomia dos representantes do povo. Por demais, aponta que o mecanismo poderia funcionar como espécie de punição bastante imperfeita, especialmente por "atribuir o poder de julgar os representantes precisamente ao pior, ao mais apaixonado dos juízes, o próprio povo".

De outra forma, sublinha que a revogação popular é merecedora do reconhecimento de algumas vantagens, dentre elas o fato de constituir-se como um meio de controle sobre os representantes, em especial dos funcionários públicos; por outro lado, significa o corolário lógico do direito de eleição (se o eleitor tem o direito de escolher os seus representantes, deverá ter também o poder de destituí-los quando considerar ter feito uma má escolha).

12 Sob perspectiva histórica, interessante notar que vigorou no Brasil antes da Independência, no ano de 1822, o decreto de 16 de fevereiro que previa a destituição dos Procuradores Gerais que não desempenhassem devidamente suas obrigações, procedendo-se à nomeação de outros em seus lugares por decisão dos eleitores de sua Província, que gozavam de atribuições de aconselhamento e assessoramento do Príncipe Regente.

E, a seguir, firma o argumento de que

> [...] a revocação popular aparece como um meio idóneo para manter um diálogo permanente entre representantes e representados, não permitindo, deste modo, que os primeiros faltem às suas promessas feitas antes da eleição, obrigando-os a auscultar constantemente o sentimento dos que os elegeram e a prestar contas da sua atividade (URBANO, 1998, p. 83).

Nessa perspectiva, calha reforçar que a Lei n. 12.034/2009, ao instituir alterações na legislação eleitoral brasileira, e exigir que os candidatos a cargos políticos majoritários de Prefeito, Governador de Estado e Presidente da República apresentem suas propostas defendidas no processo democrático de escolha[13], representa um importante passo que vem ao encontro do espírito da revogação popular.

Deveras, a inobservância daqueles compromissos anotados no ato de registro de candidatura perante a Justiça Eleitoral deveria produzir, por decorrência política, a possibilidade de revogação do mandato popular por quebra desses mesmos compromissos assumidos e para os quais foi o mesmo agente eleito com mandato outorgado pelo povo.

Oportuno frisar: o mandato outorgado pelo povo não pode ser uma autorização em branco a permitir que sejam tomadas as mais destoantes iniciativas ou atividades administrativas e adotados os mais desarrazoados comportamentos públicos no período de exercício do mandato.

---

13 Lei n. 9.504/97: Art. 11. Os partidos e coligações solicitarão à Justiça Eleitoral o registro de seus candidatos até as dezenove horas do dia 15 de agosto do ano em que se realizarem as eleições. § 1° O pedido de registro deve ser instruído com os seguintes documentos: I - cópia da ata a que se refere o art. 8º; II - autorização do candidato, por escrito; III - prova de filiação partidária;

Assim, a outorga deve se encontrar vinculada à observância daqueles compromissos assumidos no decorrer do processo de escolha eleitoral e, por sua vez, alinhados com os valores e pressupostos que giram em torno do Estado democrático de direito. Ao reverso, há de existir uma consequência de caráter político, qual seja, a revogação do mandato ou a destituição popular como ferramenta de democracia semidireta.

Na Constituição brasileira, todavia, não há a figura da revogação popular de mandato eletivo, cingindo-se as hipóteses de responsabilização política apenas ao processo de impedimento por crime de responsabilidade.

Após o longo processo de *impeachment* da presidenta Dilma Rousseff, entre dezembro de 2015 e agosto de 2016, aflorou no Congresso Nacional debate acerca da conveniência e oportunidade de instituição do referendo revogatório no ordenamento brasileiro. Em razão disso, foram apresentadas quatro propostas de emenda à Constituição acerca dessa matéria no âmbito do Senado Federal[14].

Nas sobreditas propostas se observa a possibilidade de revogação popular mediante uma nova espécie de referendo,

---

IV - declaração de bens, assinada pelo candidato; V - cópia do título eleitoral ou certidão, fornecida pelo cartório eleitoral, de que o candidato é eleitor na circunscrição ou requereu sua inscrição ou transferência de domicílio no prazo previsto no art. 9º; VI - certidão de quitação eleitoral; VII - certidões criminais fornecidas pelos órgãos de distribuição da Justiça Eleitoral, Federal e Estadual; VIII - fotografia do candidato, nas dimensões estabelecidas em instrução da Justiça Eleitoral, para efeito do disposto no § 1º do art. 59; IX - propostas defendidas pelo candidato a Prefeito, a Governador de Estado e a Presidente da República. (incluído pela Lei n. 12.034, de 2009).

14 PEC n. 160, de 2015 - autoria do Senador Cristovam Buarque e outros; PEC n. 16, de 2016 - autoria do Senador João Capiberibe e outros; PEC n. 17, de 2016 - autoria do Senador Randolfe Rodrigues e outros; e PEC n. 37, de 2016 - autoria do Senador Álvaro Dias e outros.

apontado como referendo revogatório, na expressão utilizada pelas PECs n. 16/2016, n. 17/2016 e n. 37/2016.

Dessas propostas, importa registrar que a PEC n. 16/2016 se encontra atualmente arquivada em decorrência do término da legislatura sem apreciação da matéria, assim como a PEC n. 160/2015, nos termos do art. 332 do Regimento Interno do Senado Federal.[15]

Nas iniciativas legislativas que ainda se encontram em tramitação, PEC n. 17/2016 e PEC n. 37/2016, ambas no âmbito da Comissão de Constituição e Justiça do Senado Federal, verificam-se previsões alusivas à abrangência do instituto de revogação, à legitimidade de convocação, ao quórum de deliberação e aos limites temporais para adoção do referendo.

---

[15] Art. 332. Ao final da legislatura serão arquivadas todas as proposições em tramitação no Senado, exceto:

I - as originárias da Câmara ou por ela revisadas;

II - as de autoria de Senadores que permaneçam no exercício de mandato ou que tenham sido reeleitos;

III - as apresentadas por Senadores no último ano de mandato;

IV - as com parecer favorável das comissões;

V - as que tratem de matéria de competência exclusiva do Congresso Nacional (Const., art. 49);

VI - as que tratem de matéria de competência privativa do Senado Federal (Const., art. 52);

VII - pedido de sustação de processo contra Senador em andamento no Supremo Tribunal Federal (Const., art. 53, §§ 3º e 4º, EC n. 35/2001).

§ 1º Em qualquer das hipóteses dos incisos do *caput*, será automaticamente arquivada a proposição que se encontre em tramitação há duas legislaturas, salvo se requerida a continuidade de sua tramitação por 1/3 (um terço) dos Senadores, até 60 (sessenta) dias após o início da primeira sessão legislativa da legislatura seguinte ao arquivamento, e aprovado o seu desarquivamento pelo Plenário do Senado.

§ 2º Na hipótese do § 1º, se a proposição desarquivada não tiver a sua tramitação concluída, nessa legislatura, será, ao final dela, arquivada definitivamente.

Quanto a este último aspecto, a propósito, calha sublinhar que as propostas referidas vedam a possibilidade de revogação popular logo no primeiro ano do mandato eletivo ou quando já realizada outra consulta no mesmo mandato com rejeição da proposta, assegurando-se uma espécie de cláusula mínima temporal de garantia de governabilidade em voto de confiança.

Sob melhor exame, vê-se ainda que a PEC n. 17/2016 cuida do referendo revogatório a incidir somente sobre os mandatos do Presidente e do Vice-Presidente da República, enquanto a PEC n. 37/2016 apresenta maior abrangência, estendendo o instituto também aos Governadores de Estado e aos Prefeitos Municipais.

Se instituído no ordenamento constitucional do Brasil, a motivação que pode dar ensejo à aplicação do referendo, conforme as propostas de emenda acima mencionadas, remete a fatores marcadamente políticos. Contudo, só a PEC n. 37/2016 é que propõe a convocação do referendo revogatório "em caso de expressiva insatisfação dos eleitores da correspondente circunscrição eleitoral com a administração ou a flagrante descumprimento do programa de governo", como redigido no art. 1º dessa proposta.

Outra distinção importante reside na previsão de que, em caso de revogação do mandato mediante maioria absoluta dos votos em referendo popular, pela PEC n. 17/2016 haverá a convocação de uma nova eleição presidencial, enquanto pela PEC n. 37/2016 decorrerá a posse do Vice-Presidente da República ou do sucessor constitucional.

Como dito acima, na raiz de todo mandato outorgado pelo povo encontra-se uma relação de confiança, no sentido de entrega a alguém da responsabilidade pelo exercício de determinada atribuição.

O estabelecimento de uma consequência política, em caso de ruptura do laço de confiança antes do término do mandato, adquire relevo, por conseguinte, como medida adequada à crise de legitimidade no desempenho de um cargo ou função pública de natureza governamental. Nesse sentido, ao discorrer sobre o *recall*, Filomeno (2016, p. 131) disse esperar que, "referido instrumento seja objeto de nossa reforma constitucional, poupando-se tanto desgaste de Comissões Parlamentares de Inquérito que, não obstante sua inegável utilidade e caráter moralizante da coisa pública deixa o País perplexo e paralisado durante a realização de seus trabalhos".

Torna-se importante, ainda, o despertar de uma nova consciência cívica e o avivamento de maior interesse dos cidadãos e das cidadãs em busca da responsabilidade na vida política. Esses traços de aperfeiçoamento na formação e na educação das pessoas, com acertos e desacertos, advirá no processo de construção democrática da evolução histórica institucional, sem adesão a visões excludentes da política.

Assim, entende-se que as propostas em tramitação no Senado Federal brasileiro representam importante esforço de aprimoramento democrático rumo a um maior protagonismo dos cidadãos e das cidadãs no processo de responsabilização política dos ocupantes de mandatos eletivos governamentais que são escolhidos mediante sufrágio universal.

3.5 A DESTITUIÇÃO DO GOVERNO NA ALEMANHA: UMA EXPERIÊNCIA PARADIGMÁTICA?

A ideia de uma revogação popular de mandatos governamentais por meio de referendo já encontrou abrigo no ordenamento constitucional alemão. Com efeito, após a abdicação do

Imperador Guilherme II, em 1918, houve um profundo processo de reestruturação política na Alemanha que conduziu, logo em seguida, à proclamação da República naquele país e, meses depois, à promulgação da Constituição de Weimar, em 1919.

Segundo Rovira (1986, p. 15), a substituição do princípio monárquico como fundamento da ordem estatal do II *Reich* pela soberania popular e pelo princípio democrático que inspiraram o novel regime republicano de Weimar produziu um forte impacto sobre a organização federal do Estado, acarretando uma concentração de poderes na esfera federal e, especialmente, na figura do Presidente da República.

Houve, por assim dizer, um intenso fortalecimento do poder político nas instâncias centrais legitimadas pela democracia direta, donde se destacam os seguintes elementos: a) a forte proclamação da soberania popular como veículo de legitimação; b) a ascensão de um nacionalismo decorrente das duras condições impostas pelo Tratado de Versalhes; c) a adoção de um princípio de beligerância social do Estado com incremento de sua intervenção na vida econômica e social e ampliação de suas funções governamentais na escala federal (ROVIRA, 1986, p. 16).

De tal arte, segundo Rovira (1986, p. 18) pode-se dizer que:

> El Presidente Federal de Weimar es quizá la institución de mayor relieve, dotada con legitimación y poderes propios, de extraordinaria amplitude. Así, el Presidente cuenta con una legitimación democrática directa propia, al ser elegido por sufragio del conjunto del Pueblo alemán (artículo 41 WV), y tiene atribuído por la WV un amplio conjunto de poderes, entre los que destacan los de excepción, o de "ditadura presidencial" (artículo 48 WV). Estas dos circunstancias le confieren una sólida posición de preeminência

> en el sistema institucional, incluso frente al Parlamento y a los mismos *Länder* (ROVIRA, 1986, p. 18).

Lado reverso, em decorrência da ênfase conferida à soberania popular, a Constituição de Weimar estabeleceu que o Presidente do *Reich* poderia ser destituído mediante voto popular após a consulta ser previamente autorizada pelo parlamento por uma maioria de dois terços (art. 43) (MIRANDA, 2014, p. 80). Nesses termos, conforme disposição constitucional, a deliberação parlamentar implicava, desde logo, a suspensão do exercício das funções presidenciais. Porém, segundo anota Miranda (2014, p. 80) "o não assentimento popular implicava uma nova eleição e tinha por consequência a dissolução do Parlamento (o que equivalia, por seu turno, a uma forma de efectivação da responsabilidade política deste)".

Tal sistemática de destituição governamental, entretanto, não prosperou no período democrático subsequente, sendo totalmente afastado diante de um novo modelo organizativo estabelecido pela Lei Fundamental de Bonn, de 1949. Isso porque, segundo Novais (2018, p. 302), os constituintes buscaram prevenir "a eventual repetição da instabilidade governativa que caracterizara a República de Weimar antes do advento do nazismo, quando os executivos se sucediam ou eram derrubados pela acção destrutiva conjunta das oposições".

Deveras, o texto constitucional retro citado, que ainda vigora até os dias atuais, fixou um sistema marcadamente parlamentarista, sendo assistido por um mecanismo de controle concentrado de Justiça Constitucional e embasado nos princípios republicano e democrático, nos direitos fundamentais de liberdade, no desejo de edificação de um Estado social (embora os direitos sociais não estejam ali expressamente enunciados) e na previsão do federalismo como modelo de espaço político-territorial (MORAIS, 2018, p. 361).

Importante notar que, agora, o Presidente da República não goza da mesma legitimidade do parlamento decorrente da soberania popular, uma vez que aquele "é eleito por uma *Convenção Federal* integrada pelos membros do *Bundestag* (câmara baixa do Parlamento Federal) e por igual número de representantes nomeados pelos Estados federados para um mandato de cinco anos sem possibilidade de reeleição" (MORAIS, 2018, p. 362).

Nesse contexto, o Presidente da República - que é eleito de forma indireta - assume um papel praticamente secundário, haja vista exercer atribuições "de natureza honorífica e protocolar, bem como poderes certificatórios ou notariais de decisões do Governo e do Parlamento, estando a grande maioria dos seus atos sujeitos a controlo governamental, através da referenda ministerial" (MORAIS, 2018, p. 362-363).

Contudo, registram-se duas prerrogativas importantes conferidas pela Constituição ao Presidente da República, a saber: a) a possibilidade de dissolução do Parlamento Federal - *Bundestag* - em momentos bem restritos, como na hipótese de atender pedido do Chanceler (primeiro-ministro), após este sofrer derrota na apreciação de voto de confiança apresentado ao parlamento (art. 68/1); b) a prerrogativa de propor o nome do Chanceler ao *Bundestag* (art. 63/1) (MORAIS, 2018, p. 363).

Sobressai, de maneira racionalizada, uma relação dialógica entre Presidente da República, parlamento e governo, destacando-se o binômio de confiança entre governo e parlamento e a pujança da figura do Chanceler (primeiro-ministro) (MORAIS, 2018, p. 362).

O governo, vale registrar, é um órgão colegiado que depende da confiança parlamentar e exerce funções políticas e administrativas, além de competências legislativas delegadas e possibilidades de iniciativa legislativa perante o parlamento (MORAIS, 2018, p. 365).

Segue-se, ainda, a força do Chanceler, que exerce a chefia do Governo Federal após ser nomeado pelo Presidente da República e, posteriormente, eleito no parlamento (*Bundestag*), num procedimento quase plebiscitário. Só então o Chanceler propõe a nomeação dos demais membros do governo ao Presidente e define as linhas programáticas do governo, exercendo uma posição de supremacia sobre os outros Ministros, que respondem politicamente perante ele (MORAIS, 2018, p. 365).

É oportuno notar, segundo Morais (2018, p. 365), que o Chefe do Governo não responde politicamente perante o Presidente da República, mas tão somente ao parlamento federal - *Bundestag*.

Por sua vez, o *Bundestag* é o órgão de produção de leis por excelência, dispondo de relevantes poderes políticos, dentre os quais se destaca o de atuar como órgão de fiscalização do executivo, alcançando o poder de destituir diretamente o Chanceler e, por conseguinte, o de demitir o governo, por meio do instituto da moção de censura construtiva pela maioria absoluta dos Deputados, caso estes acordem, previamente, a formação de um governo alternativo com um novo candidato a Chanceler (MORAIS, 2018, p. 367).

A rigor, o art. 67 da Lei Fundamental estabelece um voto de desconfiança, também chamado na doutrina de moção de censura construtiva - que pode ser editado pelo Parlamento Federal contra o Chanceler, ficando condicionado à eleição de um sucessor num prazo máximo de quarenta e oito horas, cujo nome, se aprovado pelos Deputados, deverá ser enviado ao Presidente da República para efeitos de exoneração do anterior e nomeação do recém-eleito em caráter vinculante[16].

Tal mecanismo, conforme anota Morais (2018, p. 368), assegura importante estabilidade aos governos e reforça o poder do Chanceler, na medida em que a mera destituição deixa de ser uma opção se não houver, previamente, uma concertação político-partidária suficiente para dar base a um governo alternativo. Ou seja, não basta à oposição construir uma maioria circunstancial para derrubar o governo, uma vez que será necessário, ainda, que essa mesma maioria se disponha a também construir uma nova perspectiva de governo, o que implica maior compromisso entre grupos partidários, normalmente discordantes.

Assim, ao longo da história alemã mais recente, a força da moção tem mais vigor como instrumento dissuasório que pelo efetivo uso dessa ferramenta. Não é sem razão que entre 1949 e 2016, aponta Morais (2018, p. 367-368), houve apenas oito chanceleres nos vinte e quatro governos que se sucederam ao longo de sessenta e sete anos.

Sublinhe-se, assim, que não é necessariamente a longevidade maior ou menor na chefia de um governo que determina o grau de legitimidade democrática de uma Nação. Evidente que a alternância no poder é imprescindível enquanto possibilidade dinâmica, mas também é fundamental a manutenção de uma legitimidade perante os cidadãos a partir da qualidade de uma boa governação.

---

16 CONSTITUIÇÃO da Alemanha. *Lei Fundamental da República Federal da Alemanha.* Disponível em: https://www.btg-bestellservice.de/pdf/80208000.pdf.

Importante, ainda, a construção de um equilíbrio funcional transparente entre parlamento e governo para evitar injunções políticas promotoras de crises de governabilidade a todo instante nas disputas de poder.

Nessa linha, Pasquino verifica que:

> O simples facto de a censura em relação ao chanceler, na Alemanha, e ao presidente do Governo, em Espanha, ter de reunir o voto favorável de uma maioria absoluta e de ser necessariamente seguida, num prazo de poucos dias, de nova votação por maioria absoluta para confirmação no cargo do seu novo titular, sob pena de dissolução do parlamento, ou de uma fase transitória em que o chefe do Governo censurado goza de poderes quase excepcionais, tem actuado como o mais eficaz *dissuasor* em relação aos partidos eventualmente mais propensos a provocar crises de governo para daí extraírem benefícios para si próprios. Este tipo de dissuasão tem funcionado tão bem que, na Alemanha, a moção de censura construtiva apenas foi utilizada por duas vezes: na primeira, em 1972, conduziu a eleições antecipadas, pretendidas pelos sociais-democratas para reforço da coligação governamental; na segunda, em Outubro de 1982, deu origem a uma verdadeira mudança da maioria, com a transferência, incontroversa e rapidamente legitimada pelos eleitores em Março de 1983, dos liberais da coligação com os sociais-democratas para uma nova com os democratas-cristãos (PASQUINO, 2010, p. 284-285).

Ou seja, em caso de mau uso do instrumento da responsabilidade política sobre a chefia de governo, há também consequências ao parlamento, na medida em que este pode ser dissolvido automaticamente, o que levaria a uma nova eleição parlamentar.

Tem-se, pois, relevante instrumento dissuasório a arroubos oportunistas, servindo a um maior comedimento no jogo político.

Essa perspectiva é importante, pois não é saudável a ameaça de destituição a todo instante de governos que estejam em bom funcionamento para a maioria do povo. Calha relembrar, de todo modo, que "os cidadãos avaliam os governos, não com base na sua estrutura e na competência de seus membros, mas naquilo que foi feito e, especialmente, nos benefícios que os próprios cidadãos obtiveram da governação" (PASQUINO, 2010, p. 286).

Além do voto de desconfiança, previsto no art. 67, pode haver ainda destituição do governo, mediante rejeição de um voto de confiança pedido pelo Chanceler ao Parlamento Federal.

De efeito, conforme inscrito no art. 68 da Constituição, havendo a recusa da moção de confiança parlamentar por ausência de votos da maioria, restará evidenciada a ingovernabilidade daquele grupo detentor do poder. Assim, caberá ao parlamento eleger, num prazo de quarenta e oito horas, um novo Chanceler (art. 68/2). Em qualquer hipótese, havendo a rejeição da moção de confiança, poderá o Chanceler, já enfraquecido, pedir ao Presidente Federal a dissolução do Parlamento Federal, permanecendo latente essa prerrogativa dentro do prazo de vinte e um dias, que expira tão logo o parlamento eleja um novo Chanceler Federal com o voto da maioria de seus membros[17].

Deflui-se, sem maiores dificuldades, a significativa vantagem da moção de censura construtiva como mecanismo de racionalização do sistema de governo constitucional,

[17] CONSTITUIÇÃO da Alemanha. *Lei Fundamental da República Federal da Alemanha.* Disponível em: https://www.btg-bestellservice.de/pdf/80208000.pdf.

notadamente por conferir maior estabilidade política aos governos minoritários, "que passam a ser, também, *governos de legislatura* e gozam, pelo menos no plano da garantia de não serem demitidos no decurso do mandato, de possibilidades de uma governação programada análogas às de que beneficiam os governos de maioria" (NOVAIS, 2018, p. 305).

Na constatação de Novais,

> [...] só se desencadeia verdadeiramente uma crise parlamentar de confiança no Governo quando o Parlamento já dispõe de uma solução governativa alternativa. Se, à partida, esta não existe, se a maioria parlamentar que pretende censurar o Governo não chega a acordo quanto ao nome de um primeiro-ministro, então nem sequer chega a abrir-se a própria crise: a censura ao Governo não é aprovada. Se, na outra hipótese, se forma uma solução de governo alternativa no Parlamento, então a crise não chega, também a desencadear-se verdadeiramente; simplesmente, o que ocorre é que a um Governo se sucede outro, de forma *fria*, sem convulsões, e, mais, com a garantia de que o novo Governo será, em princípio, um Governo estável, já que tem o apoio expresso de uma maioria parlamentar absoluta (NOVAIS, 2018, p. 305).

Como dito, tem-se a grande virtude de responsabilizar também aqueles que pretendem destruir o governo, uma vez que estes se obrigam a construir concomitantemente a solução da crise parlamentar, sendo importante na prática política não tanto pelo uso, mas pela sua presença como instituto de estabilização governativa (MORAIS, 2018, p. 733).

Tal engenho constitucional é plenamente possível de ser adotado em países com sistema de governo parlamentar, como no caso da Alemanha. Mas, na opinião de Novais (2018, p. 304), nenhum obstáculo subsiste para sua acolhida também, *mutatis mutandis*, em sistemas de governo semipresidencial.

Em Portugal, por exemplo, o debate nesse sentido remonta a 1979, sucedendo-se inúmeras propostas em sede de revisão constitucional sem que, até o momento, tenha logrado êxito.

Na doutrina constitucionalista portuguesa encontram-se vozes de acolhimento da moção de censura construtiva, como a de Novais (2018, p. 319-320), embora com temperamentos para preservar o poder presidencial de dissolução da Assembleia da República, e vozes destoantes, como de Morais (2018), que vislumbra perdas na qualidade democrática com governos minoritários de legislatura, prejudicando a responsabilidade política e a atividade de fiscalização.

Aponta-se, por conseguinte, a necessidade de reflexão constante para que seja aprimorado o funcionamento do modelo constitucional português e brasileiro, especialmente considerando as mais recentes crises do presidencialismo nesse país sul-americano.

Calha pontuar, a propósito, que subsiste polêmica no Brasil em torno da possibilidade de o poder constituinte derivado modificar o sistema de governo, a despeito do plebiscito ocorrido em 1993, conforme vontade do constituinte originário, ou se essa matéria estaria protegida pelo manto de cláusula pétrea, depois de decidido o sistema presidencial diretamente pelo povo.

Essa matéria, aliás, foi levada ao STF por meio do MS n. 22.972/DF, em 1997, proposto pelos então deputados federais Jaques Wagner (PT/BA), Arlindo Chinaglia Júnior (PT/SP), Hélio Pereira Bicudo (PT/SP), Miguel Soldatelli Rosseto (PT/RS) e

Sandra Meira Starling (PT/MG) em face da tramitação da PEC 20-A, que buscava a implementação do parlamentarismo. Todavia, em 2018, o Ministro relator Alexandre de Moraes homologou pedido de desistência aduzido pelo único impetrante que ainda mantinha vínculo parlamentar à época – o deputado federal Arlindo Chinaglia Júnior (PT/SP) –, razão pela qual inexiste qualquer pronunciamento judicial a respeito da questão.

De toda maneira, paira no ar a imagem de que o Brasil ainda terá um encontro marcado com esse tema, o que poderá robustecer os instrumentos de responsabilidade política.

CONCLUSÃO

À guisa de considerações finais, há que se realçar a perspectiva de que, num Estado de direito democrático, é imprescindível a construção de um sistema constitucional que favoreça a responsabilidade política dos governos. Tem-se mesmo como um requisito de procedibilidade à conquista de bons resultados nos desafios e nos sonhos de uma sociedade justa, fraterna, solidária e com igualdade de oportunidades para todos.

Sendo assim, essa responsabilidade política deve caminhar lado a lado com a ideia de confiança. Para Lomba (2008, p. 97), percebe-se a necessidade de o sujeito político responsável nutrir uma relação de confiança com o sujeito do qual depende.

Numa democracia, como as propugnadas pelos textos constitucionais de Portugal e do Brasil, o sujeito do qual o agente político depende é sempre o povo, raiz da legitimação no princípio da soberania popular, a quem devem ser promovidas todas as políticas públicas, com especial destaque à população mais desfavorecida.

Não é por outro motivo que as engenharias constitucionais tratam tanto de censura, confiança, desconfiança, legitimidade, consenso e harmonia. Nenhum governo eficaz conseguirá alcançar os objetivos fundamentais - especialmente de caráter econômico e socioambiental - se não gozar de uma sólida base de sustentação e confiança.

A presente investigação procurou demonstrar isso. Seja no modelo presidencialista brasileiro, seja no modelo semipresidencialista português, há que se buscar as condições de legitimidade do poder político não apenas na escolha dos governantes, mas, sobretudo, no período de exercício dos mandatos governamentais. Disso depende, a todo instante, a qualidade da democracia existente, de modo que a distância entre os cidadãos e as cidadãs seja encurtada mediante fortalecimento dos espaços de participação.

A experiência política do dia a dia demonstra que o caminhar da história perpassa entre idas e vindas, entre altos e baixos, entre confiança e desconfiança a envolver governos e governados. Por isso, torna-se de grande relevo haver mecanismos que permitam a estabilização das relações institucionais sem, ao mesmo tempo, implicar engessamento com prejuízo do povo.

Sem dúvida, diante de governos enfraquecidos, incompetentes e inaptos na realização dos deveres administrativos prestacionais, conforme apresentados em programas específicos à população e ao parlamento, devem existir instrumentos de flexibilização que efetivem a ruptura da confiança sem, necessariamente, obrigar-se o povo a aguardar – na maioria das vezes, mediante sofrimento dos mais empobrecidos – o término da relação pelo limite temporal do mandato.

No Brasil, a responsabilização política ainda conhece caminhos muito estreitos, sendo dependente da demonstração cumulativa de crime de responsabilidade em sede de processo de *impeachment* do Chefe do Governo, no qual o cidadão somente encontra espaço de participação para seu impulso inicial. Por isso, tramitam diversas propostas, ainda polêmicas, de referendo revogatório de mandato, permitindo ao eleitor o direito de "deseleger" o mau governante anteriormente eleito a partir de critérios e elementos genuinamente políticos.

Na verdade, a responsabilidade política brasileira se confunde com a responsabilidade político-jurídica, o que dificulta a correta aplicação de cada instituto. É o que se evidencia, por exemplo, a partir do uso indevido do crime de responsabilidade como instrumento de destituição de governantes por perda de legitimidade democrática por má governação.

Em Portugal, por sua vez, voltado às peculiaridades do modelo semipresidencialista, denota-se uma estruturação mais bem elaborada de controle e fiscalização a envolver o Presidente da República, o primeiro-ministro e a Assembleia da República. Contudo, são conhecidas as dificuldades de convivência pela disputa de poder político entre o Presidente da República, eleito pelo povo, e o primeiro-ministro, escolhido pela maioria construída no parlamento. Aponta-se, por isso mesmo, o caminho da moção de censura construtiva como alternativa benfazeja ao aperfeiçoamento do modelo democrático português.

De toda maneira, há mecanismos de responsabilização e destituição dos governos por perda de legitimidade democrática que, melhores ou piores, podem ser aperfeiçoados se cotejados com outras experiências. Fundamental é que, seja qual for a experiência, entende-se pela imprescindibilidade dos instrumentos de responsabilização política com ampliação da participação popular mediante o estabelecimento de regras jurídicas bem sopesadas.

A implementação de medidas de referendo revogatório, nesse passo, reverberando em todos os níveis federativos (federal, estadual e municipal) no caso brasileiro, constitui-se também em estratégia de aperfeiçoamento constitucional de grande valia para o fortalecimento da democracia e a destituição de governos que perderam a legitimidade no exercício do poder.

Sabe-se, como alertado por Bobbio (2003, p. 410), no tocante aos argumentos mais conservadores, que "a sociedade é um sistema constituído por forças diferentes, em equilíbrio instável, que deve ser tratado com grande cuidado e senso de prudência".

Todavia, por vezes, a mudança pode ser boa, especialmente se construída democraticamente, levando em conta os interesses de edificação de bons governos e de governos confiáveis para a maioria do povo.

REFERÊNCIAS BIBLIOGRÁFICAS E FONTES DOCUMENTAIS

FONTES DOCUMENTAIS

Geral

CONSTITUIÇÃO da Alemanha. *Lei Fundamental da República Federal da Alemanha.* Versão alemã de 23 de maio de 1949. Tradução Aachen Assis Mendonça. Disponível em: https://www.btg-bestellservice.de/pdf/80208000.pdf. Acesso em: 10 fev. 2020.

CONSTITUIÇÃO da República Federativa do Brasil de 1988. *Diário Oficial da União,* n. 191-A, de 05.10.1988. Disponível em: http://www.planalto.gov.br/ccivil_03/Constituicao/Constituicao.htm. Acesso em: 12 jan. 2020.

CONSTITUIÇÃO da República Portuguesa. *Diário da República,* Série I, n. 86 (1976-04-10). Disponível em: https://dre.pt/web/guest/legislacao-consolidada/-/lc/34520775/view?q=Constitui%C3%A7%C3%A3o+da+Rep%C3%BAblica+Portuguesa. Acesso em: 10 fev. 2020.

REGIMENTO Interno da Câmara dos Deputados.

REGIMENTO Interno do Senado Federal.

Específicas

ACÓRDÃO do Supremo Tribunal Federal. Pet 1.954. DJ n. 146, de 01.08.2003. Disponível em: http://stf.jus.br/portal/diarioJustica/verDiarioProcesso.asp?numDj=146&dataPublicacaoDj=01/08/2003&incidente=1815111&codCapitulo=5&numMateria=21&codMateria=1. Acesso em: 10 fev. 2020.

ARGUIÇÃO DE DESCUMPRIMENTO DE PRECEITO FUNDAMENTAL n. 378 MC (ADPF 378 MC, Relator(a): EDSON FACHIN, Relator(a) p/ Acórdão: ROBERTO BARROSO, Tribunal Pleno, julgado em 17/12/2015, PROCESSO ELETRÔNICO DJe-043 DIVULG 07-03-2016 PUBLIC 08-03-2016). Disponível em: https://jurisprudencia.stf.jus.br/pages/search/sjur341653/false.

DECISÃO Monocrática – Supremo Tribunal Federal. MS/34193. DJ n. 266, de 12.12.2018. Disponível em: http://stf.jus.br/portal/diarioJustica/verDiarioProcesso.asp?numDj=266&dataPublicacaoDj=12/12/2018&incidente=4979571&codCapitulo=6&numMateria=191&codMateria=2. Acesso em: 10 fev. 2020.

DECISÃO Monocrática – Supremo Tribunal Federal. Pet 8.351. DJ n. 236, de 29.10.2019. Trata-se de denúncia por crime de responsabilidade imputado ao Ministro de Estado Ricardo de Aquino Salles. Disponível em: http://portal.stf.jus.br/processos/downloadPeca.asp?id=15341592250&ext=.pdf. Acesso em: 10 fev. 2020.

LEI n. 1.079/50. Publicada no Diário Oficial da União de 12.04.1950. Disponível em: http://www.planalto.gov.br/ccivil_03/leis/L1079.htm. Acesso em: 20 fev. 2020.

LEI n. 12.034/2009. Publicada no Diário Oficial da União de 30.09.2009. Disponível em: http://www.planalto.gov.br/ccivil_03/_ato2007-2010/2009/lei/L12034.htm. Acesso em: 5 fev. 2020.

LEI n. 15-A/98. Diário da República, Série I-A. 1º Suplemento n. 79 (1998-04-03). Disponível em: https://dre.pt/web/guest/legislacao-consolidada/-/lc/34437975/view?q=lei+15-A%2F98. Acesso em: 8 fev. 2020.

LEI n. 34/87. Diário da República, Série I, n. 161 (1987-07-16). Disponível em: https://dre.pt/web/guest/legislacao-consolidada/-/lc/34492375/view?q=lei+34-87. Acesso em: 14 fev. 2020.

LEI n. 9.504/97. Publicada no Diário Oficial da União de 01.10.1997. Disponível em: http://www.planalto.gov.br/ccivil_03/leis/L9504.htm. Acesso em: 10 fev. 2020.

LEI n. 9.709/98. Publicada no Diário Oficial da União de 19.11.1998. Disponível em: http://www.planalto.gov.br/ccivil_03/leis/L9709.htm. Acesso em: 10 fev. 2020.

MANDADO DE INJUNÇÃO n. 7.362 - MI 7362/DF - DISTRITO FEDERAL. MANDADO DE INJUNÇÃO. Relator(a): Min. CÁRMEN LÚCIA. Julgamento: 20/04/2021. Publicação: 23/04/2021. Publicação: PROCESSO ELETRÔNICO DJe-076 DIVULG 22/04/2021 PUBLIC 23/04/2021. Disponível em: https://jurisprudencia.stf.jus.br/pages/search/despacho1191233/false.

MANDADO DE SEGURANÇA n. 24.831 (MS 24831, Relator(a): CELSO DE MELLO, Tribunal Pleno, julgado em 22/06/2005, DJ 04-08-2006 PP-00026 EMENT VOL-02240-02 PP-00231 RTJ VOL-00200-03 PP-01121). Disponível em: https://jurisprudencia.stf.jus.br/pages/search/sjur92206/false.

MANDADO de Segurança n 34.193. Distrito Federal. Trata-se de Mandado de Segurança, com pedido de liminar, impetrado pela ex-Presidente da República Dilma Vana Rousseff. Disponível em: http://www.stf.jus.br/arquivo/cms/noticiaNoticiaStf/anexo/MS34193.pdf. Acesso em: 10 fev. 2020.

MANDADO DE SEGURANÇA n. 37.760 MC (MS 37760 MC-Ref, Relator(a): ROBERTO BARROSO, Tribunal Pleno, julgado em 14/04/2021, PROCESSO ELETRÔNICO DJe-158 DIVULG 06-08-2021 PUBLIC 09-08-2021). Disponível em: https://jurisprudencia.stf.jus.br/pages/search/sjur450617/false.

PETIÇÃO n. 1.954. (Pet 1954, Relator(a): MAURÍCIO CORRÊA, Tribunal Pleno, julgado em 11/09/2002, DJ 01-08-2003 PP-00130 EMENT VOL-02117-30 PP-06370). Disponível em: https://jurisprudencia.stf.jus.br/pages/search/sjur97153/false.

PETIÇÃO n. 8.351. (Pet 8351/DF - DISTRITO FEDERAL. PETIÇÃO. Relator(a): Min. EDSON FACHIN. Julgamento: 24/10/2019. Publicação: 30/10/2019). Publicação DJe-236 DIVULG 29/10/2019 PUBLIC 30/10/2019. Disponível em: https://jurisprudencia.stf.jus.br/pages/search/despacho1043431/false.

PROPOSTA de Emenda à Constituição n. 10, de 06.04.2011. Altera os arts. 28, 29 e 84 da Constituição Federal para instituir a obrigatoriedade de elaboração e cumprimento do plano de metas pelo Poder Executivo municipal, estadual e federal, com base nas propostas da campanha eleitoral. Disponível em: https://www.camara.leg.br/proposicoesWeb/fichadetramitacao?idProposicao=497549. Acesso em: 15 fev. 2020.

PROPOSTA de Emenda à Constituição n. 16, de 06.04.2016. Acrescenta o art. 81-A à Constituição Federal, para prever a possibilidade de revogação dos mandatos de Presidente e Vice-Presidente da República mediante referendo. Disponível em: https://www25.senado.leg.br/web/atividade/materias/-/materia/125453. Acesso em: 10 fev. 2020.

PROPOSTA de Emenda à Constituição n. 160, de 16.12.2015. Acrescenta o art. 14-A da Constituição Federal, para prever a revogação de mandato eletivo pelo voto popular. Disponível em: https://www25.senado.leg.br/web/atividade/materias/-/materia/124499. Acesso em: 10 fev. 2020.

PROPOSTA de Emenda à Constituição n. 17, de 07.04.2016. Modifica os arts. 49 e 81 da Constituição Federal e insere o art. 86-A, para dispor sobre a revogação de mandato do Presidente e do Vice-Presidente da República. Disponível em: https://www25.senado.leg.br/web/atividade/materias/-/materia/125473. Acesso em: 10 fev. 2020.

PROPOSTA de Emenda à Constituição n. 37, de 13.07.2016. Altera a Constituição Federal para instituir a revogação de mandato do Presidente da República, dos Governadores de Estado, do Governador do Distrito Federal e dos Prefeitos Municipais. Disponível em: https://www25.senado.leg.br/web/atividade/materias/-/materia/126482. Acesso em: 10 fev. 2020.

PROPOSTA de Emenda à Constituição n. 52, de 12.07.2011. Altera os artigos 48 e 84 da Constituição Federal, prevendo a obrigatoriedade de apresentação do Programa de Metas e Prioridades para os governos federal, estaduais e municipais. Disponível em: https://www.camara.leg.br/proposicoesWeb/fichadetramitacao?idProposicao=512217. Acesso em: 15 fev. 2020.

BIBLIOGRAFIA

a) Livro

ABELLÁN, Ángel Manuel. *El Estatuto de los Parlamentarios y los Derechos Fundamentales.* Madrid: Editorial Tecnos, 1992. p. 152. ISBN 84-309-2259-8.

AMARAL, Diogo Freitas do. *História das ideias políticas.* Coimbra: Almedina, 1998. v. I. p. 15-28; 151-191. ISBN 972-40-1076-7.

ARAGÃO, Alexandre Santos de. *Direito dos serviços públicos.* 2. ed. Rio de Janeiro: Forense, 2008. p. 128-142. ISBN 978-85-309-2714-1.

BOBBIO, Norberto. *Norberto Bobbio:* o filósofo e a política: antologia [trad. do espanhol]. Organizador: José Fernández Santillán. Rio de Janeiro: Contraponto, 2003. p. 400-413. ISBN 978-85-85910-51-8.

BOBBIO, Norberto. *Teoria geral da política:* a filosofia política e as lições dos clássicos [trad. do italiano]. Organizador: Michelangelo Bovero. Rio de Janeiro: Campus, 2000. p. 159-265. ISBN 85-352-0646-9.

BOBBIO, Norberto *et al. Dicionário de política* [trad. do italiano]. 7. ed. Brasília: Universidade de Brasília, 1995. p. 933-943; 1074-1077. ISBN 85-230-0310-X.

CAMPILONGO, Celso Fernandes. *Direito e democracia.* São Paulo: Max Limonad, 1997. p. 20-54; 107-125.

CANOTILHO, José Joaquim Gomes. *"Brancosos" e interconstitucionalidade:* itinerários dos discursos sobre a história constitucional. 2. ed. Coimbra: Almedina, 2008. p. 301-334. ISBN 978-972-40-3485-0.

CANOTILHO, José Joaquim Gomes. *Direito constitucional e teoria da Constituição.* 3. ed. Coimbra: Almedina, 1999a. p. 281-298; 531-567; 575-607. ISBN 972-40-1217-4.

CANOTILHO, José Joaquim Gomes. *Estado de direito.* Lisboa: Gradiva Publicações, 1999b. ISBN 972-662-656-0.

CANOTILHO, José Joaquim Gomes *et al. Comentários à Constituição do Brasil.* São Paulo: Saraiva: Almedina, 2013. p. 1285-1289. ISBN 978-85-02-21262-6.

CÍCERO, Marco Túlio. *Dos deveres.* [Tradução Alex Martins]. São Paulo: Martin Claret, 2001. p. 56. ISBN 85-7232-45.

CONLLEDO, Miguel Díaz y García. La responsabilidad política ni implica ni presupone ni excluye la responsabilidade penal. *In*: LEITE, Alaor; TEIXEIRA, Adriano (org.). *Crime e política:* corrupção, financiamento irregular de partidos políticos, caixa dois eleitoral e enriquecimento ilícito. Rio de Janeiro: FGV Editora, 2017. p. 77-104. ISBN 978-85-225-1962-0.

COSTA, Paulo Nogueira da. *O Tribunal de Contas e a boa governança:* contributo para uma reforma do controlo financeiro externo em Portugal. Coimbra: Coimbra Editora, 2014. p. 153-209. ISBN 978-972-32-2199-2.

DAHL, Robert A. *On democracy.* Yale University Press, 2015. *E-book.* ISBN 978-0-300-19446-3 (pbk.: alk.paper).

ECO, Umberto. *Como se faz uma tese em ciências humanas.* Tradução Ana Falcão Bastos e Luís Leitão. 19. ed. Lisboa: Editorial Presença, 2015. p. 23-29. ISBN 978-972-23-5642-8.

ENTERRÍA, Eduardo García de. *La lucha contra las inmunidades del poder.* Madrid: Editorial Civitas, 1983. p. 48-49. ISBN 84-7398-259-2.

ENTERRÍA, Eduardo Garcia de; FERNÁNDEZ, Tomás-Ramón. *Curso de direito administrativo* [trad. do espanhol]. São Paulo: Revista dos Tribunais, 1990. p. 788-802. ISBN 85-203-0788-4.

FERRAZ JUNIOR, Tercio Sampaio. *Direito constitucional:* liberdade de fumar, privacidade, Estado, direitos humanos e outros temas. Barueri: Manole, 2007. p. 413-429. ISBN 978-85-204-2451-3.

FERREIRA, António Casimiro. *Política e sociedade:* teoria social em tempo de austeridade. 2. ed. Porto: Vida Económica, 2016. p. 209-275. ISBN 978-989-768-290-2.

FILOMENO, José Geraldo Brito. *Teoria geral do Estado e da Constituição.* 10. ed. Rio de Janeiro: Forense, 2016. p. 129-140; 169-176. ISBN 978-85-309-7134-2.

FOUCAULT, Michel. *Microfísica do poder* [trad. do francês]. Rio de Janeiro: Edições Graal, 1979. p. 277-293.

GARCÍA, Eloy. *Inmunidad parlamentaria y Estado de partidos.* Madrid: Editorial Tecnos, 1989. p. 122. ISBN 84-309-1793-4.

GINÉ, Víctor Lapuente. *La efectividad de los gobiernos. In:* GONZÁLEZ, Felipe; DAMIANI, Gerson; ALBERTOS-FERNÁNDEZ, José (ed.) *¿Quién manda aqui? La crisis global de la democracia representativa.* Barcelona: Penguin Random House: Grupo Editorial y Fundación Felipe González, 2017. p. 41-61. ISBN 978-84-9992-717-6.

GORDILLO, Agustín. *Tratado de derecho administrativo.* Belo Horizonte: Del Rey: Fundación de Derecho Administrativo, 2003a. t. 1. p. IX-34/IX-35. ISBN 85.7308-629-7.

GORDILLO, Agustín. *Tratado de derecho administrativo.* Belo Horizonte: Del Rey: Fundación de Derecho Administrativo, 2003b. t. 2. p. VI-34/VI-35. ISBN 85.7308-628-9.

GOUVEIA, Jorge Bacelar. *Manual de direito constitucional.* 6. ed. Coimbra: Almedina, 2016. v. I: Teoria do direito constitucional.

HERRERA, Carlos Miguel. O direito com a política, o nosso Bobbio. *In*: MORAES, Filomeno (org.). *Política e direito em Norberto Bobbio:* luzes para a liberdade, a igualdade, a democracia e a república. Florianópolis, Conceito Editorial, 2014. p. 49-62. ISBN 978-85-7874-342-0.

ISRAEL, Jean-Jacques. *Direito das liberdades fundamentais* [trad. do francês]. Barueri: Manole, 2005. p. 61-68. ISBN 85-204-1646-2.

LEFORT, Claude. *A invenção democrática:* os limites do totalitarismo [trad. do francês]. 2. ed. São Paulo: Brasiliense, 1987. p. 70-88.

LEFORT, Claude. *Pensando o político:* ensaios sobre a democracia, revolução e liberdade [trad. do francês]. Rio de Janeiro: Paz e Terra, 1991. p. 23-36.

LOCKE, John. *Segundo tratado sobre o governo* [trad. do inglês]. São Paulo: Martin Claret, 2002. ISBN 85-7232-494-1.

LOEWENSTEIN, Karl. *Teoría de la constitución* [trad. do alemão]. 2. ed. Barcelona: Ariel, 1976. p. 23-72; 326-337. ISBN 84-344-1792-8.

LOMBA, Pedro. T*eoria da responsabilidade política.* Coimbra: Coimbra Editora, 2008. ISBN 978-972-32-1589-2.

MALMESBURRY, Thomas Hobbes de. *Leviatã:* ou matéria, forma e poder de um Estado eclesiástico e civil [trad. do inglês]. São Paulo: Edipro, 2015. p. 153-215. ISBN 978-85-7283-896-2.

MEIRELES, Mário M. *História do Maranhão.* 2. ed. São Luís: Fundação Cultural do Maranhão, 1980.

MENDES, Gilmar Ferreira; BRANCO, Paulo Gustavo Gonet. *Curso de direito constitucional.* 12. ed. São Paulo: Saraiva, 2017. p. 995-1003. ISBN 978-85-472-1481-4.

MIRANDA, Jorge. *Manual de direito constitucional.* Coimbra: Coimbra Editora, 2014. v. III. t. VII. p. 59-98. ISBN 978-972-32-2273-9.

MORAIS, Carlos Blanco de. *O sistema político no contexto da erosão da democracia representativa.* Coimbra: Almedina, 2018. p. 45-54; 93-104; 125-131; 155-170; 184-195; 221-237; 361-369; 402-419; 493-508; 731-741. ISBN 978-972-40-7123-7.

MOREIRA NETO, Diogo de Figueiredo. *Mutações do direito administrativo.* Rio de Janeiro: Renovar, 2000. p. 71-118. ISBN 85-7147-164-9.

NOVAIS, Jorge Reis. *Semipresidencialismo:* teoria geral e sistema português. 2. ed. Coimbra: Almedina, 2018. p. 185-255; 268-271; 302-334. ISBN 978-972-40-7474-0.

OTERO, Paulo. *A democracia totalitária: do Estado totalitário à sociedade totalitária.* A influência do totalitarismo na democracia do século XXI. Cascais: Principia, 2001. p. 169-175. ISBN 978-972-8500-41-2.

PASQUINO, Gianfranco. *Curso de ciência política* [trad. do italiano]. 2. ed. Cascais: Principia, 2010. p. 276-286. ISBN 978-989-8131-64-5.

PIRES, Alex Sander Xavier. *Súmula vinculante e liberdades fundamentais.* Rio de Janeiro, 2016. p. 19-43; 62-71. ISBN 978-85-909488-2-7.

POMBAL, Marquês de. Carta ao sobrinho Governador do Maranhão, Junqueira de Melo e Póvoas. *In*: *Conselho aos governantes.* 3. ed. Isócrates... *et al.* Brasília: Senado Federal, 2003. p. 655/656.

RIBEIRO, Fávila. *Direito eleitoral.* 4. ed. Rio de Janeiro: Forense, 1996. p. 1-57. ISBN 85-309-0336-6.

ROSÁRIO, Pedro Trovão do. *A democracia semidirecta em Portugal.* Madrid: Universitas, 2013. p. 13-98. ISBN 978-84-7991-413-4.

ROUSSEAU, Jean-Jacques. *O contrato social e outros escritos* [trad. do francês]. São Paulo: Cultrix, 1999. ISBN 85-316-0086-3.

ROVIRA, Enoch Alberti. *Federalismo y cooperación en la República Federal Alemana.* Madrid: Centro de Estudios Constitucionales, 1986. p. 9-25. ISBN 84-259-0750-0.

RUBIO, Ricardo Medina. *La función constitucional de las Comisiones parlamentarias de investigación.* Madrid: Editorial Civitas, 1994. p. 33. ISBN 84-470-0325-6.

SAAVEDRA, Miguel de Cervantes. *O engenhoso cavaleiro D. Quixote de La Mancha:* segundo livro [trad. do espanhol]. São Paulo: Editora 34, 2007. ISBN 978-85-7326-392-3.

SARAMAGO, José. *O conto da ilha desconhecida.* São Paulo: Cia. das Letras, 1998.

SCHMITT, Carl. *O conceito do político* [trad. do alemão]. Lisboa: Edições 70, 2016. p. 29-140. ISBN 978-972-44-1824-7.

SCHUMPETER, Joseph A. *Capitalismo, socialismo e democracia* [trad. do inglês]. São Paulo: Editora da Unesp, 2017. p. 339-409. ISBN 978-85-393-0691-6.

SEMER, Marcelo. *Ruptura institucional e desconstrução do modelo democrático:* o papel do Judiciário. *In*: JINKINGS, Ivana *et al.* Por que gritamos golpe? Para entender o *impeachment* e a crise política no Brasil. São Paulo: Boitempo, 2016. p. 107-113. ISBN 978-85-7559-500-8.

STOTT, John. *A mensagem de Romanos* [trad. do inglês]. São Paulo: ABU, 2007. p. 409-420. ISBN 978-85-7055-024-3.

TEIXEIRA, Conceição Pequito. *Qualidade da democracia em Portugal.* Lisboa: Fundação Francisco Manuel dos Santos, 2018. ISBN 978-989-8863-50-8.

URBANO, Maria Benedita Malaquias Pires. *O referendo:* perfil histórico-evolutivo do instituto. Configuração jurídica do referendo em Portugal. Coimbra: Coimbra Editora, 1998. p. 79-83. ISBN 972-32-0806-7.

WEBER, Max. *A política como vocação* [trad. do alemão]. Brasília: Universidade de Brasília, 2003. ISBN 85-230-0721-0.

b) Internet

DATAFOLHA. *Opinião sobre democracia.* São Paulo, 2020. Disponível em: http://media.folha.uol.com.br/datafolha/2020/01/02/42a3a1405e015b37af0facb59e438492osdemo.pd 15-02-2020f. Acesso em: 15 fev. 2020.